孩子的大脑

徐井才◎著

新华出版社

图书在版编目（CIP）数据

孩子的大脑 ／ 徐井才著 ． -- 北京 ： 新华出版社，
2021.7
ISBN 978-7-5166-5923-6

Ⅰ ． ①孩… Ⅱ ． ①徐… Ⅲ ． ①儿童－智力开发 Ⅳ ．
① G610

中国版本图书馆 CIP 数据核字 (2021) 第 114948 号

孩子的大脑

作　　者：徐井才

责任编辑：杨　静　　丁　勇　　　　封面设计：李尘工作室

出版发行：新华出版社
地　　址：北京石景山区京原路 8 号　　　邮　　编：100040
网　　址：http://www.xinhuapub.com
经　　销：新华书店、新华出版社天猫旗舰店、京东旗舰店及各大网店
购书热线：010-63077122　　　　中国新闻书店购书热线：010-63072012

照　　排：博文设计制作室
印　　刷：永清县晔盛亚胶印有限公司

成品尺寸：145mm×210mm　　　　　开　　本：32 开
印　　张：7　　　　　　　　　　　字　　数：150 千字
版　　次：2021 年 7 月第一版　　　印　　次：2021 年 7 月第一次印刷

书　　号：ISBN 978-7-5166-5923-6
定　　价：39.80 元

前　言

孕育大脑多不易，摧毁天资太简单

大脑是人体的"指挥部"，也是智慧的"源头"，蕴含着注意力、观察力、记忆力、思维力、想象力、解决问题的能力等，诸多能力构成了一个完整的系统。

为什么孩子会有聪明和愚笨之分？这里起着决定性作用的就是大脑。

生活中，一些家长总抱怨自己的孩子又蠢又笨，羡慕别人家的孩子又聪明又伶俐，却不知道，大多数孩子在出生时智力水平其实相差不大，孩子的聪明与否，很大程度上取决于父母在教育他们时是否花时间去了解大脑的结构，了解大脑的运转方式，然后进行科学的引导和培养！遗憾的是，很少有人重视这一点。

在多年的儿童教育工作中，我发现，许多有学习问题、注意力缺陷、多动或胆小的孩子都有感觉统合能力失调的现象。感觉是大脑最初级的认知过程，让大脑发展基础薄弱的孩子学习复杂的知识，就像在浅浅的地基上建造高楼大厦，会倾斜。如果继续增加高度，还可能倒塌。

想让孩子变聪明没有什么灵丹妙药，关键在于对孩子的大脑进行充分开发。孩童时期正是大脑发育的高峰期，一生仅有一次，一旦错过了很难弥补！只有抓住孩子大脑发育的最佳时期，把"基础"打好打牢，让大脑发挥出最大潜能，孩子才能在学习、思维、情感、运动等方面表现得卓越出众。

那么，我们能为孩子的大脑开发做些什么呢？答案并没有多么高深，甚至琐碎到出乎你的意料。比如，搭配好一日三餐、玩一些益智游戏、规律性地运动、给予孩子更多的关心和陪伴、尊重和发挥孩子的天性……如此，大脑就会健康地发育起来，发挥出无穷无尽的能力，让孩子的智商得以提高。

天下没有十全十美的父母，我们在教育子女时难免遇到一些困惑、纠结……因为不了解孩子的大脑，我们可能还会不经意犯下错误。但因为深爱孩子，我们愿意面对问题，尝试正确的方式，一点点解决问题。聪明的父母会成为孩子的助力者，如何做没有标准答案，需要慢慢摸索和学习。

可以说，对孩子大脑的开发，前途无量而又任重道远。

目　录

第三章　别把两三岁的大脑变成催熟的番茄

第四章　自由、尊严和爱，才能脑力全开

第五章　为了"最强大脑"，
和孩子一起"游戏人生"

第六章　新游戏、新媒体、新饮食……
新生活给大脑带来新挑战

第一章
大脑是孩子最重要的器官——
大脑对你说

　　大脑复杂而又神秘，蕴含着无穷的能量。父母只有了解孩子的大脑，搞清大脑的运转机理，才能协助孩子把大脑神奇的能力调动起来、利用起来，使孩子尽早开窍，智慧达标。

脑 知 识

孩子的大脑，像极了一个微缩宇宙

世界上最复杂的事情是什么？教育孩子。全世界的父母都在教育孩子，这怎么会是一件超级复杂的事情呢？这是因为，人类大脑是迄今为止我们所知道的最为复杂的组织。

众所周知，宇宙辽阔而又神秘，亿万星辰遍布其间，并且众多的星系因为引力作用而相互吸引形成星系群，仅我们银河系里的星系群就有数百亿个。而宇宙究竟是什么样子的？它到底有多大？这在人类当下的认知当中是无法想象的，人类目前研究的也只是其皮毛而已。

和宇宙相比较，人脑的结构及复杂程度是丝毫不逊色的。

大脑的主要构成部分，叫神经元。神经元，又称神经细胞，是构成神经系统结构和功能的基本单位，也是主导大脑活动的"功臣"。你知道我们大脑中的神经细胞有多少吗？由于受相关技术的制约，至今尚没有明确数据，科学估算有1000多亿个，这与宇宙星系的估算数量惊人地相似。

更玄妙的是，每一个神经细胞的周围，有1000—10000个"触角"伸展出去，和四周的细胞彼此发生连接，类似于宇宙中的诸多星系群，构建了一个错综复杂的系统。

你能想到大脑放大后的图案和宇宙中的星系极其相似吗？

大脑细胞网络图　　　　　　　宇宙星辰网络图

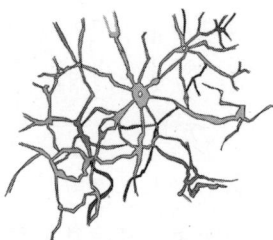

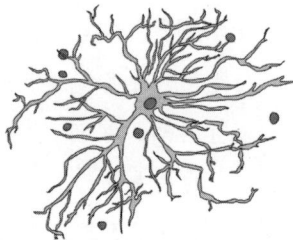

图1-1 大脑细胞网络和宇宙星辰网络对比图

将这两张图放在一起，一般人很难看出不同之处。人脑的结构和宇宙的结构惊人地相似，大脑神经元彼此之间的连接和星系间的互联关系几乎也是类似的，只是一个大一个小的区别。可以想象，如果将大脑里的每一个神经元细胞放大到一颗星星那样大，那么整个大脑甚至可以变成一个宇宙。

我们的大脑就是一个微缩型的宇宙，而宇宙则是一个放大型的大脑！

和对宇宙的探索一样，到现在为止，科学家们只明白了大脑内外表象的东西，对于更复杂的内容则毫无头绪。对于人的大脑，显然我们还有很多不知道的东西。对于孩子的大脑我们了解甚微，这就使得被教育的对象接近于"测不准原理"，即任何系统都存在自身无法解决的问题，比如人不知道自己究竟从哪里来。

这是否意味着我们在教育问题上无计可施？当然不是，即便是"测不准原理"，也会有一个确定的概率分布。尽管我们对大脑的认知只是冰山一角，但科学家们通过解剖大脑、构建模型进行分析，有机会观察到这一智慧之源的内部构造，并从中发现了大脑运作的基本规律和普遍特点。

这也就意味着，只要我们根据丰富的脑理论与现实依据，掌握了孩子大脑的发展规律和特点，了解孩子言行背后的思维逻辑，教育这件事情就会变得不那么复杂了。

01/ 所谓天才，就是
遏制住了大脑"退化"的普通孩子

我相信，天底下所有的父母都希望自己的孩子聪明伶俐，天生拥有聪慧的大脑，因为聪明意味着智商高，不论是在学习还是其他方面都会占据优势，也更容易脱颖而出。只是当你缺乏对大脑的认知，不清楚它有哪些具体功能，不清楚它是如何记忆时，你根本没有什么办法去控制它。

关于大脑，很多家长应该还存在这样一个错误认知，那就是聪明的孩子是先天的或者遗传的，以至于总是羡慕"别人家的孩子"为什么天生聪明。

别再让这种错误认知继续误导你了，不同于身体的任何器官，大脑在我们一出生的时候，虽然尚未发育完全，但是都会拥有数以千亿计的脑细胞，而且每一个大脑细胞都在不停地运转。在这种条件下，绝大多数正常婴儿的智力都相差不多，而这些细微的差别也并不足以影响后天的发展。

那么，孩子为什么会有聪明和愚笨之分呢？同在教室里上一堂课的孩子，为什么学习效果完全不一样？这就必须提到"用进废退"理论。这一观点由法国生物学家拉马克提出，意思是生物在新环境的直接影响下，某些经常使用的器官会不断发达增大，而不经常使用的器官则会逐渐退化。

这一理论具有一定道理，我列举一个简单的例子，经常运动的人和完全不运动的人最直观的区别就是，前者的腹肌、胸肌等更为发达，并且更加强壮，因为锻炼可以刺激肌肉的生长。和其他组织器官一样，大脑也是用进废退的。

大脑主要由大量相互连接的神经元构成，这些神经元虽然大小不同，形状各异，但它们都会向四周不断延伸，延伸的分支称为"轴突"和"树突"，分支之间的连接点是"突触"。大脑仅占人体总重的2%，但内部却挤塞着由18万公里长的纤维连接着的万亿个突触。通过一个个"突触"的连接，神经元与神经元之间可以通过信号物质进行信息传递，生成复杂的思维模式和行动。

当我们学习一项新技能时，大脑中的诸多神经会打通，在加工信息的过程中，最活跃的神经联结会不断增强，越是勤运用的神经元，越能保持充沛的活力。而最不活跃的神经联结则会不断减弱。随着时间的推移，不活跃的神经联结会越来越弱，当这一系列的神经元都不活动时，就会走向消亡。

这就好比，很多人上大学的时候能背熟2万个单词，毕业后工作中再也不碰英语，几年，或者十几年过后，那些单词基本上都忘光了。也就是说，此时头脑中与英语相关的神经连接的细胞已经消亡了。

而且，大脑细胞会随着年龄的增长而减少。相关数据显示，一个孩子从出生到10岁左右，大概会有10%左右的神经细胞自然萎缩，那些用得很少的神经元会逐渐丧失突触，这个专业术语叫"突触削减"。这不难理解，细胞是进行生命活动的基本单位，它们如同大自然的一切生物一样，遵循新生、成长、繁殖、衰老和死亡的过程，这是维持组织机能和形态的一种自然现象。

据估计，正常人的脑细胞每天死亡约10万个，这个数字非常惊人。而随着神经元的减少，大脑中负责学习记忆有关的物质脑啡肽、调节细胞新陈代谢的核糖核酸等生物活性物质也会随之减少分泌，又反过来影响神经元的活性，加速其死亡。由于脑细胞一旦发育完成便不会增殖，这种变化是不可逆的。

国外一位著名教授经过研究发现，一个人的记忆力会随着年龄的增长而不断加强，而后又会随着年龄的增长而减退，这是大脑细胞减少的缘故。这也就揭示了为什么小时候，背诵一篇文章或古诗只需花费很短的时间，而且记忆深刻。但到了中老年时，即便花费更多时间，效果也不一定会好。

爱因斯坦被称为世界上最聪明的人，在他逝世之后，科学家们对他的大脑进行了解剖研究。经过分析发现，爱因斯坦之所以成为科学天才，与他的大脑结构特异性密切相关，较之常人，他大脑中的神经元有着非常多的"树突"和"突触"，密度大于常人，这说明他的大脑使用率非常高。

为什么脑"树突"和"突触"越多，人就会越聪明呢？我们知道，信息是通过"树突"和"突触"，实现彼此之间的信息传递的。"树突"和"突触"越多，脑细胞之间传递信息的速度就会越快，信息更容易存储在不同的脑细胞中。即便一个脑细胞死了，其他脑细胞仍然还记忆着这些信息。

大脑的发育和生长，其实就是"树突"和"突触"数量和密度增加的结果。大脑的使用程度越高，神经细胞上长出的"树突"就越多，"突触"就越大，如此接受和处理信息的速度就会越快。这就如同城市道路一样，交通越发达，出行越便利。这，也正是人们常说"脑子越用越灵"的原因。

了解了决定人体聪明与否的因素之后，问题就有希望得以解决了。所谓天才，并非天生拥有聪明的大脑，而是遏制住了大脑"退化"的普通孩子。

接下来，我们的教育也就有了一个明确方向，要想让孩子变得聪明伶俐，不是着急上火就能实现的，也不是吃大量保健品可以解决的。重要的是遵循大脑"用进废退"的规律，引导孩子始终不懈地追求知识，勤于思考，不断进取，保持积极活跃的大脑，进而让大脑真正地发达起来。

02/ 大脑会是什么样子，孩子说了算

"了解孩子的大脑有用吗？"

"改变孩子是否真的可能？"

……

这是我经常被问到的一些问题，不少家长总认为是大脑影响了孩子的行为，而不是行为影响了大脑。但事实却是，孩子的大脑影响了他的行为，然后他的行为反过来塑造了自己的大脑。

这听上去似乎有些玄妙，但事实就是如此。毕竟，我们的大脑具有极强的神经可塑性。所谓神经可塑性，指的是神经连接生成和修改的能力。神经元之间是通过连接传递信息的，并且按照"用进废退"理论，凡频繁使用的神经通路予以保留，使用很少的不予保留，不断改变着大脑"布线图"。

大脑的这种可塑性说明，我们人类的意想、思维、感情或者某种行为都可以依靠自身力量自主地进行改变，而这种改变反过来也会对我们的大脑结构形成一定的影响。

比如，习惯。在汉语词典中，"习惯"一词的定义是积久养成的生活方式，"积久"强调的是不断重复的过程，而"养成"是一种行为的形成。简单来说，习惯就是因为我们在行为上的不断重复导致了大脑神经系统上的改变，如重新连接、功能重组和位置的改变等，形成了新的神经回路。

曾有一项研究发现，绝大多数出租车司机大脑后部的突起比普通人明显，是因为这里生有海马状。前面我已经提及，这个部位的海马状主要参与空间记忆的处理。正是因为出租车司机经常需要记忆地点、辨认路线、方向等，这个部位的神经元不断建立新的或更强的连接，导致突起变大。

每个人的大脑都是相似的，但是每个人的大脑又是不同的，比如不同的孩子对待同一件事情的看法和感受是不一样的。到底是什么创造了如此神奇的事情？答案是：孩子周围的一切。周边环境的不同，接触到的人不同，家长的教育不同，神经元之间或连接、强化，或萎缩、退化。

其实孩子与孩子之间的差距，说白了就是大脑的神经连接不同，而这一切就是源自大脑的可塑性。这也就是说，孩子的大脑可不是混凝土结构，只要一开始浇注成型，等它凝固、硬化了就不会再变。孩子的大脑都是具有可塑性的，不断形成新的神经回路，便可以发生新的变化，形成新的可能。

俗话说"将门无犬子"，指的并非遗传在教育中的作用，而是因为"将门"的子女能受到良好的教育。但是将军也未必都出生于"将门"，出身贫困的孩子受到良好的教育也可以当上将军，这就是大脑可塑性的表现。一个孩子智力的高低，成就的大小，很大程度上取决于后天的教育。

如何让孩子变得更好呢？

重在大脑的重塑。在这方面有个十分著名的定律，即"1万小时定律"——"人们眼中的天才之所以卓越非凡，并非天资超人一等，而是付出了持续不断的努力。1万小时的锤炼是任何人从平凡变成世界级大师的必要条件。"长期坚持大脑的锻炼，不断刺激大脑某一区域的神经元，正是重塑大脑的重要方法。

对此我个人深有体会，年幼时我曾用电子琴练习一首曲子，这是一首之前我完全陌生的曲子。当我一遍又一遍地弹奏这首曲子，经过大量地刻意练习后，大脑中特定的细胞以特定的顺序反复"放电"。结果是，我对曲谱的记忆越来越深刻，弹奏起来也觉得越来越简单，最终成功搞定。

在《最强大脑》节目中，选手王昱珩通过"微观辨水"

一战成名。在常人眼中,明明都是一杯杯一模一样的水,王昱珩为什么能从五百杯水中成功找出之前看过的一杯水呢?有人问其秘诀,他说他认的是气泡形成的图片,他自幼利用主动记忆的方法来训练自己,这就是训练的结果。

所谓教育,从本质上讲其实就是对大脑的塑造。

看看周围的家长,在孩子的教育上,不少人只关注孩子的努力程度、认真的态度,却忽略了大脑的重塑,以为那些学习优秀的孩子都是因为天资聪颖。不仅如此,有些家长还认定孩子太"笨"学不好,一度撒手不管孩子的学习……这样做只会产生一个不幸的结果,那就是孩子的大脑被摧毁。

因为,大脑的可塑性带来的不一定都是有利的影响,良好的行为干预可以促进儿童大脑的发育和发展,不利的环境因素则会对孩子的大脑产生副作用,从而对儿童某方面能力的发展产生危害,例如经常沉浸于网络世界的孩子,会导致自身注意力的分散化、记忆力和思维能力的肤浅化等。

我们的大脑终身具有神经可塑性,反复练习某一种大脑功能,负责这个功能的脑区的神经元就会建立新的或更强的连接。在婴幼儿时期和青少年时期,这种可塑性最强。随着年龄的增长,大脑可塑性的水平会逐渐下降,而想要建立和巩固新的神经元连接,要付出的努力是逐渐增加的。

举个例子,当下智能手机非常流行,老年人这一特殊群体，虽然也可以学会使用智能手机，能够适应手机阅读的方式，这是大脑可塑性的体现，但是他们为此付出的努力和时间是年轻人的好几倍。

无疑，塑造大脑的活动越早开始越好。好好地了解孩子的大脑，及早培养孩子良好的习惯，帮助孩子改变坏习惯。良好的习惯一旦养成，大脑就会建立程序化的指令，对言行意识的控制也就变成了自动自发的，这样孩子的行为、感情和思维模式就会变得更好，离优秀更进一步。

03/ 每个孩子都能拥有"最强大脑"

在《梦中的发现》一书里，加拿大心理学家汉斯·塞耶尔指出："人的潜能所能包容的智力能量，犹如原子核的物理能量一样巨大。"将这一句话用在孩子身上，则揭示了一个伟大的真理——每个孩子都有无与伦比的创造性。

我很欣慰地看到，不少家长已经开始重视孩子的潜能开发，但是存在一个很大的误区是，不少家长尚未认识到，潜能的关键不在于提高孩子多方面的能力，而在于培养大脑功能的基础——本能。

人为什么会被称为高级动物，主要原因就在于人的大脑，人脑指挥着我们的身体五官，接受五官对外界的反馈，能辨别听觉、视觉、嗅觉、味觉、触觉等不同领域的外界刺激，同时产生理解、记忆、思考、情绪等行为反应，这些都是人脑的本能表现，是再精妙的设计都无法达到的境界。

大脑是我们人体最神秘、最复杂的学习器官，如今一些教育先进的国家已经逐渐把教育的焦点转移到"孩子的大脑"上来。比如，当下十分流行的"全脑开发"就是利用专业的教材和教具及教学体系对儿童大脑本能地开发和利用，全方位增强学生全脑学习的目的性、自主性和高效性。

有一些父母认定自己的孩子笨，没有别的孩子聪明。殊不知，孩子之所以没能取得好成绩，表现平庸，是因为没有好好启用大脑的能力，个人能力没有充分发挥出来。

大脑所拥有的能力究竟有多大，这一点就连当今的科学家们也说不清楚。大脑虽然存在于我们人体内，但是它的结构复杂程度已经超出我们的认知范围。人类对于宇宙的探索程度不到10%，大脑的开发亦是如此。脑科学研究发现，由于受到开发水平的限制，大多数人的知识、经验、体验等加起来只使用了大脑的10%左右，另外的90%都处于"待业"状态，而这正是大脑潜能之所在。

所谓潜能，就是原本具备却未曾使用的能力。作为世界上最聪明的人，爱因斯坦称目前世界上使用脑力最多的人，但他也仅使用了1/3的脑力，2/3仍处于休眠状态。前面我已经提及过，人的大脑遵循"用进废退"的规则，那些不被使用的大脑能力，最终必将消失殆尽，这是多么可惜。

有些人明明具有某方面的潜能，却因为不善使用，一直到了垂暮之年才发现人生原本可以更精彩，摩西奶奶就是典型的一例。摩西奶奶是一个家庭妇女，每天做着擦地板、挤牛奶、做家务等琐事，75岁时她开始学画，结果发现自己拥有惊人的艺术细胞，画作不但深受好评，还举办了个人画展。

大脑的潜能，如果不去挖掘，它就会自行泯灭。孩子的大脑，也不例外。而家长要做的，就是帮助孩子及早将大脑的潜能充分挖掘出来。

每个人的大脑都蕴含着无穷的潜在能力，换句话说，一个孩子只要大脑没有先天病理性，就可以说他拥有可以成为天才的大脑。根据当今科学家的假设：如果一个孩子能够发挥出大脑一半的功能，那么就可以轻而易举地背诵整套百科全书，学会12种语言，拿下12个博士学位！

我们知道，孩子的大脑是越用越神奇的。他们越是使用自己的大脑，就越能刺激脑细胞的发育，新陈代谢速度就越快，激活各种感官和肢体，进而表现更加优异，甚至高人一筹。即便是平凡普通的孩子，只要大脑的潜能得到超出一般的合理开发，他的能力就不会比爱因斯坦逊色多少。

儿童教育家卢勤曾说："孩子的大脑，就像一个'沉睡的巨人'。"

的确，孩子的大脑潜力无限，堪称一个珍贵的巨大"宝藏"。如果每位家长都能及早认识到这一点，好好了解下孩子大脑的发育规律，并且懂得大脑高效运转的原理，就能在孩子需要的时候，协助他们尽可能把大脑里各种潜在的神奇能力激发出来。巨人醒来之时，正是即将成功之日。

孩子的大脑有哪些潜力可以发挥出来用到学习上？在我认为，至少有下面这些：

专注能力、阅读能力、理解能力、运算能力、记忆能力、语言能力、写作能力，以及思维能力、想象能力、创造能力……

一个充分发挥大脑潜能的孩子，可以持续不断地学习和思考，而深度的学习和思考又能够培养他们的潜能，这是一个相互促进的正向循环。

当然，大脑潜能的开发并非一蹴而就的，家长们一定要保持足够的耐心，千万不可操之过急，甚至将大脑潜能开发看成是孩子通往成功的唯一捷径。采用拔苗助长的方式，逼迫孩子被动地、过度地使用大脑，往往会使孩子的大脑发育趋于缓慢，表现出容易健忘、反应迟缓、抑郁等状态。

为什么？这是由大脑的生理构造决定的。多巴胺是大脑中含量最丰富的儿茶酚胺类神经递质，能够传递兴奋及开心的信息。虽然孩子的大脑具备无限的潜能，但是情绪不佳会导致多巴胺水平低下，进而导致持续的兴奋缺失。这是一个恶性循环，当兴奋缺失，刺激便低下，孩子将会再次陷入恶劣心绪。

"你最愿意做的事情，才是你的天赋所在。"

摩西奶奶说的这句话十分富有哲理，也提醒了广大父母，想要激发孩子的大脑潜能，应该讲究一定的技巧，而不是随意给孩子进行安排。耐心观察孩子拥有的才能和素质，鼓励孩子做自己喜欢的事情，如此才能活化孩子大脑内的多巴胺分泌，使得头脑良好运转，并保持最佳状态。

很多时候大脑潜能的展现，就是一瞬间或者某阶段的事。

04/ 儿童的大脑喜欢"来点儿刺激的"

比起坐在书桌前进行枯燥乏味的学习，跑到院落或野外玩耍，往往更能让孩子提起精神。一些父母免不了抱怨孩子贪玩、不上进，其实在这个问题上，我们或许真的错怪孩子了，这大多是大脑的偏好性选择。

一个刚刚接触事物的孩子，对新奇事物有着强烈的渴望与追求，喜爱到新的地方，去接触不认识的人，进行不同的活动，对什么事情都跃跃欲试。其实不光孩子，我们每个人亦是如此，更容易被新鲜的事物所吸引。这是人类大脑的本能之一，因为我们的大脑喜欢新的变化带来新的刺激。

神经元的重要特性是，受到刺激时能产生一定的兴奋，并且把兴奋传递给其他的神经元。正是在此过程中，神经元不断地延伸自身的触角，和四周的细胞彼此发生连接。但这一特性是有选择的，就是神经元对新鲜的、变化的事情更感兴趣。而对于基本没什么变化的事情，它们会帮大脑"屏蔽"掉。

比如，物理学上力的作用是相互的，当人靠坐在椅子上时会给椅子施加压力，而椅子对身体也会产生一个反作用力，进而支撑身体。但是如果没有人特意指出来，恐怕这些感觉很难会引起我们的注意。是我们感受不到这种反作用力吗？不是，就在于大脑"屏蔽"了这些生活常态的感觉。对于这种"屏蔽"功能，心理学上有个专门称谓——"适应"，这是大脑的适应性行为。

来自外界信息的刺激，是直接影响孩子大脑发育的重要因素。幼儿的大脑就像是一张白纸一般，在生长发育期间，受到外界种种新鲜事物的刺激，脑细胞会不由自主地活跃起来，不断形成新的突触，生成新的神经元。这一阶段，孩子看的事物越多，接触得越多，就越能激发大脑的发育。

有科学家就此做过专门实验，他们挑选了一群3—4岁、智力相当的孩子，然后随机分为A、B两组，同时进行相同内容的学习。不同的是，针对A组的父母，科学家传授了各种设计的刺激方法，B组则没有。测试10周后，发现A组孩子的智商出现了明显提高，B组的孩子智商则变化不大。

虽然我们父母不像科学家那样专业，但是至少可以认识到，孩子的大脑是喜新厌旧的，要想提升孩子大脑的活力与效能，就要根据孩子大脑的这一特性，不断给予孩子更多正向的"新刺激"。这种"新刺激"可以是引导孩子从不同角度分析同一个问题，可以是学习过程中的有趣游戏。

当然，我们还可以尝试各种各样的方法，样式越丰富效果越好。

值得一提的是，大脑中有一个区域终身可以产生新的神经元，这个神奇的区域就是海马体，又名海马回、海马区或大脑海马。大脑有两个海马体，分别位于左右脑半球，这是一种小而弯曲的结构，名字来源于这个部位的弯曲形状貌似海马，这里是神经元最活跃的脑区之一，主要负责长时记忆的存储转换和定向。海马体建立的神经网络越发达，记忆力越好，学习也就越容易。

在实际生活中，一种特定的气味往往会引发我们强烈的记忆，为什么？这就是海马体在记忆中起了关键作用。海马体对声音、味道、色彩、动作、符号等敏感度更高，无论多么微小的差异，它们都会倾注全力找出其间的不同。结果就是会刺激到大脑，进而有效地提升注意力、记忆力和干劲。

这也启迪了我们，在孩子学习和思考的过程中，家长不妨尝试在桌上放一些孩子喜欢的图片，适当地让孩子听听优美的轻音乐，动动手制作学习卡片等，这些都可以作为学习时的辅助手段，持续地给大脑制造刺激，让孩子从增强记忆到增加专注力，从改善大脑功能到变得更加睿智……

05/ 为什么孩子更容易被图像吸引

常常看到一些孩子，学习的时候总是坐不住，但是一看起漫画书、动画片，就能立刻变身"安静宝宝"，即便再活泼好动的孩子，坐上几个小时也轻松不费力。这是一个令诸多父母感到头疼的问题，这也让父母们既疑惑不已，又有些好奇：为什么漫画书、动画片对孩子有这么大的吸引力？

其实这是很正常的事情，扪心自问，即使是我们成年人，在图文并茂跟纯文字之间，是不是也更愿意选择前者？

这一行为是大脑"主动性"的选择，喜欢图像化的东西是大脑的偏好。比如，一张苹果的图片比"苹果"两字是不是更能让你产生食欲？

为什么图像会比文字更吸引人呢？这是因为，图像是以直观的形象表达物象，可以在大脑中直接对事物进行认识映射；而文字本身是一种符号，一种图形，只是为了方便使用和传播。即便早期的甲骨文，虽然接近事物原型，但从本质上讲也是一种抽象程度比较高的图形。通过文字描述认识事物时，大脑往往需要经过信息解码和模型重构的过程，才能形成对事物的认识。

图像和文字的区别在于，一个是直接认识，一个是间接认识。大脑喜欢"来点刺激的"，动画和图画直观形象、色彩明亮，能够有效刺激大脑细胞，大脑有什么理由拒绝呢？

这种现象的根源，说到底在于大脑的构造。

大脑是人体最精密的器官，内部有其复杂的网络。其中，不同的区域有着不同的分工，分别处理不同的任务，这就像机器上的不同部件，各有分工，才能正常运转。我们感受到的一切信息，会沿着神经传导到大脑。大脑做出抉择，抉择将信息通过神经传导到相应部位，做出相应的动作。

这就像机场的航空管理中心一样，航空管理中心会将机场跑道、飞机位置、航空天气、飞机飞行速度等信息汇总到一起，综合考虑之后，再进行统一安排，这样才能使管辖的所有飞机起降有序，以防相撞，确保机场运行安全。如果没有这样的信息统合，将是各自为政，各行其是的混乱状况。

储存"五感"，是人脑的基本功能。所谓五感，即视觉、听觉、嗅觉、味觉、触觉等五种感觉。孩子通过看、听、嗅、尝、触等直接接触的方式，令大脑获取并储存各种资讯，比如思考就是将大脑里储存的五感进行组合，这是人体生存的必备能力，可以拓展身体、智能、情感等多领域潜能。

比如，让婴幼儿了解认识"苹果"这个概念。如果只是进行字面的抽象介绍，这对孩子的学习来说是不够的，刺激的信息量不足时，孩子只是被动地听、看。他们需要的是通过自己的操作——摸、闻、咬等动作来获得感觉刺激，然后认识"苹果"是有着某种特殊手感、气味、味道的具体东西。

那么，大脑是如何传递"五感"信息的？人的大脑分为左脑和右脑两个半球，它们的功能是有所不同的，其中左脑被称为语言脑，而右脑被称为图像脑。而五感就包藏在我们右脑底部，接收到外界的信息时，无论是大段的文字，还是一段音乐，右脑会把它们全部转化成图像进行思考和记忆，比如把数字变成图像，把气味变成图像。等到使用时，图像便会在大脑中浮现出来。

对于右脑而言，当图像信息传导进来时，由于更直观、更生动、更接近事物本身，不用进行过多的信息转化，它能够快速做出反应，不需要其他更复杂的区域，所以接收和处理信息的效率更高效。所以，看电视孩子们都会，不需要学习和引导，而阅读如果不学习的话，是很难掌握的。

在写文章的时候，尤其是字数多的文章，我会在其中适当安排一些插图，这是因为我清楚看到一堆密密麻麻的文字时，大脑很容易感到疲累和厌烦。我们的大脑喜欢直观形象的图像，用图文结合的方式呈现内容，读者阅读起来会更轻松，而且可以更准确、快速地接收信息并引发共鸣。

既然孩子更容易被图像吸引，那么在教育或者引导孩子学习时，我们不妨利用各种学习工具、思考模型，或者适当添加图像元素，将枯燥的知识转化为图像信息。比如，视频课件、六顶思考帽、思维导图，这些都能将抽象的问题具体化，把复杂的概念视觉化，提高孩子大脑处理信息的效率。

其中，思维导图是现在很流行的一种方式。所谓"思维导图"，就是运用图文并重的技巧，把主要内容、关键词与图像、颜色等建立记忆链接。

在这里，我以唐朝诗人贺知章的《咏柳》为例：

【诗词原文】

咏 柳

碧玉妆成一树高，

万条垂下绿丝绦。

不知细叶谁裁出，

二月春风似剪刀。

【导图思路】

诗的标题是《咏柳》，我们以此为主题，在纸的正中心标明"咏柳"二字。

这首诗一共包含四句诗，每一句诗列为一个一级分支，分别用不同的颜色笔一一画出，并提炼出每句诗的关键词。

第一句"碧玉妆成一树高"写的是柳树的整体，说高高的柳树就像一位经过梳妆打扮的亭亭玉立的美人。"碧玉"二字点出了柳树的翠绿晶莹，突出了颜色美。

第二句"万条垂下绿丝绦"写的是柳枝，说垂垂下坠的柳叶犹如美人身上婀娜多姿的丝织裙带。其中，"丝绦"突出柳枝的轻柔美。

第三句"不知细叶谁裁出"用想象的思维方法构成一个设问句，重点写的是柳叶，一个"细"字赞美了柳叶精巧细致的形态美。

第四句"二月春风似剪刀"是自答，通过一问一答，由柳树巧妙地过渡到春风。是春风裁出了这些细巧的柳叶，这是春的创造力的象征。

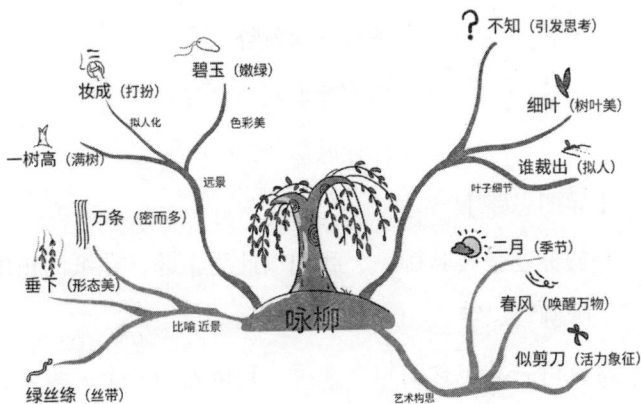

图1-2 "咏柳"思维导图示范图

四句诗对应相应的图画，整体画面跃然纸上，孩子就能轻松记住全诗内容了。再适当插入词语注释、作者简介等，效果更佳。

06/ 从发育到成熟，
大脑所经历的五种"劫难"

大脑是人体中发育最早的器官，由最早期胚胎表面形成的空心小管发育而来。虽然出生时我们就拥有了一生中能拥有的几乎所有神经元，但这并不意味着大脑在我们出生时就是成熟的。大脑从发育到成熟是一个渐进的漫长过程，目前大多数脑科学研究认为，这个过程大约需要持续30年。而在这个漫长的过程中，大脑先后需要经历五种"劫难"。

（1）记忆or遗忘

大脑除了对外部世界感知之外，还具有学习、记忆和思维等高级功能。其中，记忆是对经验的识记、保持和再现，这直接关乎一个孩子的智力水平。然而，再聪明的大脑也难逃遗忘的"劫难"，在一定的条件下（通常为时间推移），大脑会对接触过的信息、记忆过的内容失去印象，或者记忆出现错误。

遗忘，是记忆的"大敌"。孩子一遍遍地识记某一事物，反复地重复某一行为，就是为了帮助大脑对抗固有的遗忘。尽管遗忘是一种"劫难"，但事实上这也是大脑的一种防御机制。想象一下，如果大脑能记得住所有看到的、听到的信息，而什么都不忘掉的话，总有一天它会被"撑爆"。

大脑每天接收到的信息非常多，当它无法处理不断接收到的所有信息时，便只能把那些不需要的、不重要的东西忘掉，只保留重要的、新鲜的信息。正是通过清除"内存"，大脑变得更加发达和灵敏。

（2）真实VS错觉

我们对现实中的种种事物产生映象，源自大脑的感知。按照通常的理解，大脑中呈现的镜像会与视觉世界的特性相符合，即大脑会真实地反映我们的所见所闻。

然而，事实上大脑是无法区分真实和错觉的，尤其是对年幼的孩子而言。由于事物受到形、光、色的干扰，加上孩子的生理、心理原因，大脑会在特定的条件下对客观事物进行扭曲的知觉，产生与实际不符的误差。换句话说，感官传递的真实信息经过大脑的处理，往往是与真实的世界不一样的。

这种错乱往往会导致头脑混乱，进而影响孩子的判断和认知。

（3）兴奋VS疲劳

受到外界刺激时，大脑神经就会产生反应，促使大脑皮层活跃起来，在短时间内跃动或闪现思维火花。要想让孩子更聪明，保持大脑的兴奋必不可少。不少家长错以为大脑越兴奋越好，却忽略了大脑的兴奋有一定的限度。一旦大脑经常处于活动状态，长时间兴奋过度，很容易造成脑损伤。

这和长时间让人工作一样，是无情的虐待行为。当孩子出现头昏脑涨、精神涣散，甚至焦虑抑郁等情况时，大多是大脑疲惫的表现。

（4）从众VS从心

当我们要做某个动作或事情时，大脑犹如一个领导者，会将脑电波发传给神经，神经再一步步传给其他器官。然而，有时我们也会反过来牵引大脑。比如，在成长的过程中，几乎所有孩子都会出现"从众"行为，看到别的孩子做什么，自己就跟着做什么，学龄前儿童在这方面尤为明显。

"大家都是这样的，所以我觉得我也该这样。"这种现象看似是孩子缺乏主见，实际上却是大脑的潜意识功能。大脑中有一个部位叫"伏隔核"，更为流行的名称是"愉悦中心"，这是一组擅长传递恐惧、报仇、惩罚和愉悦等感觉和情绪的神经元。选择从众会激活伏隔核，使其呈现出"欢呼雀跃"的状态，甚至强大到完全压倒个人思维。

（5）冷静VS冲动

对于一个成人而言，往往可以控制冲动，忍受挫折，或者等待并延迟满足。而孩子们往往能做到的却不多，他们往往冲动、易变且急躁，尤其是青少年时期。一直以来，不少家长都认为这是青春期激素引发的叛逆，其实更深层的原因在于大脑的发育，即负责控制冲动的脑区尚未发育成熟。

大脑前部的前额叶皮层主要负责判断、理性思考和控制冲动等，这是大脑最后成熟的区域之一。正因为大脑的理性控制部分——前额叶皮层尚未完全发育，青春期的孩子会倾向于根据自己的情绪和情感做出反应，而不是通过理性控制言行举止，因此出现了一个过渡性的不平衡期。

父母震惊也好，痛心也罢，以上五种"劫难"都是大脑必经的过程。而成长就是这样，既有快乐也会有伤痛和挫折，父母们要放松心态，不回避问题，不抱怨困难，给予孩子及时、恰当的引导和帮助，才能帮助他们战胜种种"劫难"，取得最佳的教育效果。至于详细操作，后面的章节我会详述。

第二章
大脑开发——一场从怀孕开始的"军备竞赛"

　　教子成才是父母的职责和义务，要使孩子获得良好的教育，发掘自身无限的潜力，家长们要每时每刻把握教育时机。其中，大脑潜能的开发，从胎儿时期就已经开始了。

脑知识

孩子用了四分之一的能量
来"供养"他的大脑

当完成一项脑力活动后，比如备考或阅读，你会不会有一种饿了的感觉？这并不稀奇，因为大脑是一个惊人的耗能器官。大脑主要由水（78％）、脂肪（10％）和蛋白质（8％）组成，它的重量虽然只占人体总重的2％，却会消耗人体高达20％左右的能量，称得上一个名副其实的"大胃王"。

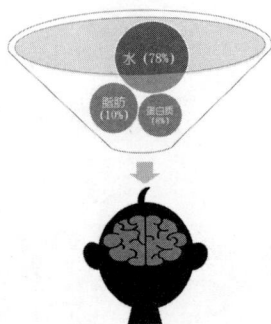

图2-1 大脑的成分

为什么大脑这么耗费能量？让我们进入脑力消耗的本质来回答这个问题。

我们已知，大脑的活动就是数百万个神经元相互传递信息，并把大脑的指令传递到身体各个部位的过程。当我们思考的时候，大脑某个区域的神经元活动增强，它需要的能量就会增加，这个区域的血管就会扩张，血流量大幅增加，以满足大脑活动对能量的需求，如同汽车"燃料"一样。

大脑的"燃料"来自葡萄糖，而且这是脑力活动的唯一能量来源，其他的营养物质则直接或间接影响脑的结构和功能。

葡萄糖经过有氧氧化的过程，将细胞中的一些有机物当作燃料，转变成二氧化碳和水的同时，会向细胞提供能量。葡萄糖在体内有一定的浓度，正常情况下为80mg/ml—120mg/ml，葡萄糖含量保持在理想的水平时能增强人的学习能力，并且能够增强记忆力，减少大脑反应时间，减轻压力感。

孩子为什么比成人容易饿？一是他们处于生长发育的高峰期，身体的新陈代谢好，食物吸收和消化快。二是孩子们经常学习和思考，大脑在做复杂，更具挑战性的工作时，葡萄糖的消耗量非常大，而他们的大脑正处于发育期，脑部存储养分的能力也十分有限，所以需要更多热量来维持运转。

一旦葡萄糖的供应不足，不能达到脑部的需求，大脑就会陷入能量不足的窘况，此时的思考力、行动力等都会下降，也会影响专注力，甚至感觉头部昏沉、全身无力，而饥饿感的出现就是大脑在发出提醒——"我需要赶快补充能量了。"只有给大脑充足"供养"，它才能更高效地运转。

那么，我们能为孩子做些什么呢？

01/ 孕期胎教的神奇力量，反正我信了

智商是一个人生命的最高表现形式，也是衡量生命质量的重要指标。在一定程度上，智商直接决定了一个孩子的聪明程度，更是判断孩子将来能否成为栋梁之材的科学依据！现在许多父母为孩子的学习和未来操碎了心，但无论是聘请家教，还是上培训班，这些都只是无奈的弥补行为。

之所以给出这样的理论，是因为大脑的发育会受遗传的影响，比如智商高的父母生出的孩子通常来说更聪明，但最关键的还是后天的环境因素，而且这从孕期即开始。

在胎儿阶段，大脑发育通常要经历三个阶段：

第一阶段——脑组织初步长成期。

生命孕育的过程非常神奇，每个孩子都是从一个受精卵开始的。从胎宝宝的发育来看，脑部组织约在卵子受精后第18天左右开始形成，通常此时也正是准妈妈们发现喜讯的时候。第26天左右，神经系统从底端开始慢慢闭合，向下延伸成为脊髓。到第8周左右，胎儿已经有了基本雏形，大脑中的神经元也开始扩展并相互连接，构成基本的神经线路，即

最初的脑神经系统。

第二阶段——脑细胞增殖高峰期。

在孕20周左右，随着与外界的频繁"交流"，胎儿的脑细胞开始以平均每分钟25万个的增长速度急剧增加，神经系统如视觉、听觉、味觉等也陆续发展。这一阶段也是胎动出现之始，胎儿在子宫内开始时常移动、变换体位等。此时与胎儿进行互动，摸摸肚子、聊天或者播放音乐等，都能给予良好的刺激，激发胎宝宝形成良好的神经回路，协助脑细胞逐渐朝向良性发展。

第三阶段——脑成长明显活泼期。

从第7个月开始到孩子出生，是脑细胞生长发育的活跃期。在这个阶段，脑细胞的数量会持续增加，同时彼此的联系进一步加强，树突分枝增加、突触开始形成。这些突触的形成与发展，正是奠定孩子日后诸多能力，如视觉、听觉、触觉、味觉、嗅觉、表达能力、思维能力等的关键所在。

由此可见，胎儿时期是孩子脑部细胞发展的重要阶段，几乎可以决定一个人脑细胞的质量等级。孩子出生时，大脑发育好的，脑神经细胞数量往往能达到1000亿个，脑重量达到350克左右，这样的孩子往往高智能、高智商。发育不好的，则会因脑细胞数量不足而表现为反应慢、记性差等。

　　每个父母都希望自己的孩子健康聪明，胎教是脑部发育的重要阶段，与其后天想方设法提高孩子的智商，不如趁早抓住胎儿智力发育的"黄金时间"，通过孕期胎教开始"后天环境"的培养，而且越早越好。

　　虽然胎宝宝尚未来到这个世界，但是随着大脑的生长发育，他们在母体里早就有了意识，通过父母温柔的话语，轻柔的抚摸等，他们能够明确地感知到来自父母的爱。

　　我在妻子怀孕之前，并不了解胎教具体有哪些作用。妻子怀孕时我阅读了一些文章，其中日本学者七田真在《产经新闻》上称："在胎儿期如果母亲能注意心情舒畅，不断地对胎儿讲话，送去愉快的信息，孩子生下来会具备以下6个特征：右脑发育好，能力强，即儿童的直觉能力、想象能力、空间感能力、创造能力都比较好，这样的孩子长大了能力就比较强，富于创造性、开拓性、容易成长。"

　　整个孕期，我每天都会跟宝宝说话。不过，我的愿望并非孕育所谓的"神童""天才"，而是希望孩子发育得更健康、更聪明，因此我的话语通常为："宝贝，爸爸妈妈爱你哦！""今天天气不错，我们去散散步吧。""爸爸好想见到你，你要乖乖长大呀！""我们讲个故事，就该好好睡觉了"……

　　到了孕后期，每当我和宝宝说话时，她的活动就会变得活跃。当我把手放在妻子肚子上，往往能明显感觉到女儿的小脚会踩我一下手，或者在妻子肚皮上鼓出个大包。她在通过胎动来和我交流呢！也因为这种良好的互动，妻子的整个孕期都比较顺利，直到生女儿的前一天她还在活力十足地上班。

女儿出生之后，我更加确信了孕期胎教的神奇。女儿自小喜欢听我说话，还是婴儿时，只要我一开口说话，她就会很认真地盯着我看，然后像是听懂了似的积极回应。她的语言表达欲望也比其他的宝宝更加强烈，经常模仿大人的语气和语调，6个月左右时已经能咿呀呀地叫"爸爸"。

科学研究证实，除遗传因素外，准妈妈知、情、意、行的每个方面都和胎宝宝都有着潜在联系，直接影响孩子以后的行为及情感模式。

如何科学有效地进行胎教呢？除了我用过的语言胎教法外，以下几种方法不妨一试。

音乐胎教法。

胎宝宝在3个月时就有了知觉，可以感知到外界的声音。此时，准妈妈要多听听欢快的、沉静的、轻柔的音乐，这样可以让准妈妈保持稳定愉快的情绪，改善子宫的血流量，从而促进胎宝宝的生长发育。另一方面，音乐的节律性振动对胎宝宝的脑发育也是一种良好的刺激。

抚摸胎教法。

孕期的你是不是经常情不自禁地摸肚子？准爸爸也会摸。出于对胎儿的爱，我们经常进行爱的抚摸，这有助于胎宝宝通过触觉神经感受体外的刺激，从而促进大脑和感官的发育，令反应能力渐渐灵敏。不过抚摸胎教要讲究方法，比如抚摸时动作宜轻柔，时间不宜过长，每次2—5分钟即可。

运动胎教法。

生命在于运动，准妈妈更是如此，孕期可不能偷懒。适当地散步、走路、游泳或者做做瑜伽等，不仅可以促进胎宝宝的骨骼和肌肉发育，而且有助于胎宝宝的大脑和神经系统发育。至于体质不好，需要静卧安胎的准妈妈，可以坐在安全度高的摇椅上轻轻晃动，同样也能起到刺激效果。

02/ 新生儿初降生，迎来大脑发育最高峰

辛辛苦苦怀胎十月，当迎来宝宝的那一刻，相信所有父母都是幸福的、喜悦的，几乎全家人都会整天围着宝宝转。但我们的主角呢？他们除了吃奶、哭闹、排便外，基本上都处于睡眠状态，也没有白天和晚上的概念。而且，即便想方设法逗他们开心，哄他们高兴，他们也是无动于衷。

对于新生儿的"冷漠脸"，不必感到失望，因为他们的大脑外观虽然已与成人相似，大部分神经元已经存在，但是此时髓鞘的发育却不完善。

什么是髓鞘？髓鞘是包裹在突触周围的一层薄薄的膜，其作用是绝缘，它就如同电缆外面用橡胶或塑料做成的绝缘层一样，可防止神经冲动从一个神经元传递至另一神经元。婴儿时期，当外界刺激作用于神经传入大脑时，由于没有髓鞘的隔离，兴奋可随意传入邻近的神经元，不易形成明确的兴奋。

这就像漏电一样，如果绝缘体老化或损坏，电流就不能准确快速地传送到目的地。这就是为什么新生儿对外来刺激反应慢且易于泛化的原因。

但我们也不要小瞧他们，虽然新生儿的大部分时间都在睡觉，但是他们并不是真的"无所事事"，他们大脑内的神经元正在以每秒700—1000个的惊人速度迅速建立着连接。这个阶段脑重的增加，主要就是由于神经细胞体积增大和树突的增多，以及神经髓鞘的形成和发育。

关于髓鞘的形成和发育，还有一个专用术语，叫"髓鞘化"。髓鞘是在神经细胞到神经细胞之间指挥整个身体传送信息的神经"通道"，髓鞘化可使神经兴奋在沿神经元传导时的速度加快，并保证其定向传导，即在大脑皮层形成明确

的兴奋，这是新生儿神经系统发展必不可少的过程。

对于发育正常的新生儿而言，这一时期髓鞘化只发展到头部和颈部，不过这已经足够他们掌握吃喝、扭头等最基本的技能。随着髓鞘化的发展，他们可以用手抚摸、抓握，移动手臂，甚至用脚踢物体等，到12个月大时髓鞘化会基本完成，这时孩子们就能站、能走、能表达言语了。

髓鞘化的水平可以影响神经元之间信息传递的速度与效率，在一定程度上说，这就相当于代表着大脑的成熟程度。髓鞘化的水平越高，大脑的反应速度越快，越能准确地、大量地进行记忆。"驾轻就熟""熟能生巧""老马识途""得心应手"，这些我们所熟悉的成语都是髓鞘化的结果。

那么，如何保障髓鞘化顺利进行呢？我们已知，神经元之间之所以进行信息传递，源自视、听、嗅、味、触等各种感觉器官的不断刺激。和神经元一样，髓鞘也需要这些感知刺激，只要出现信息传递，髓鞘化就会一直进行。这也启发了我们，高品质的髓鞘化需要外界给予良好的刺激。

比如，适宜的环境。所谓"适宜"就是能够满足婴幼儿的需求，给予他们连续不断的、温暖的抚摸、拥抱、亲吻，安全且能方便自由移动和探索的空间，及时回应他们饿了、尿布湿了、困了、累了等需求。这些都可以让婴幼儿感觉到自己是特殊的、被爱的，进而给予大脑和髓鞘良好的刺激。

比如，声音的刺激。人类的听力系统从胎儿时期就开始运转了，新生儿生下来就能听到声音，而且会作出反应。要想促进髓鞘化的进程，可在婴幼儿清醒时多聊聊天，播放一些轻快柔和的乐曲，提供会发出声音的玩具。

大脑的发育与视觉的发育密不可分，髓鞘化亦是如此。

在妻子怀孕期间，我就精心选取了一些轮廓鲜明、图形简单、对比强烈的黑白卡。女儿出生一周后，我便开始对她进行引导性的视觉训练，鼓励她用眼睛寻找并观察图片上的画面。因为我清楚，这种强度的视觉刺激有助于大脑中实现更多的神经元连接及髓鞘化，让宝宝的大脑发育快人一步。

脑神经细胞是终生不能更换的特殊细胞，新生儿初降生迎来大脑发育最高峰，这是提升孩子智能的关键期。及时给予积极的刺激，这是父母的责任和荣幸。

03/ 所有3岁以下的孩子都是天才

在新生儿出生那一刻起，大脑就开始快速发展了！科学研究发现，新生儿的大脑重量为成人大脑的1/4，1岁时达到成人的1/2，2岁时达到成人的3/4，3岁之后基本达到成人水平。其中，0—3岁是大脑神经系统发育的高峰，神经突触会急速增加，到2岁时达到峰值，甚至比成人还多。

俗话说"三岁看大"，还有一种说法是"三岁定八十"，这些话并非虚言。虽然这里的年龄只是一个概数，但大部分孩子3岁左右时，大脑的结构已经基本定型，已经具备了一定的精密性和复杂性。虽然大脑的发育过程仍在继续，但就如同计算机一样，硬盘已经装好，就等待编程了。

这些年我听过一种错误的育儿理念，孩子3岁之前什么都不懂，什么都记不住，交给谁带都无所谓。其实不然，随着视觉、听觉、触觉等陆续发展，3岁之前的孩子对整个世界充满好奇，无论接触到什么，对他们来说都是"第一次"，大脑不断受到刺激，脑神经细胞之间建立初次连接。

正因为如此，0至3岁，大脑在结构和功能上都有很强的适应和重组能力，易受外界环境影响，而且会形成固定的模式。观察一下不难发现，3岁之前孩子经常跟着什么人，接受什么教育，就会形成相应的性格、习惯、为人处世的风格。而这些因素，基本上决定了一个人命运的走向。

比如，3岁以前是培养孩子独立意识和规则意识的重要时期，但不少老人对孙辈都是亲得不得了，就是我们俗称的"隔辈亲"，经常对孩子加倍宠溺，保护过度，什么事都顺着孩子，这样很容易让孩子恃宠而骄，自理能力差、以自我为中心、经常发脾气等，以后想改回来会很难。

别以为孩子小就什么都不懂，什么也记不住，有实验表明3岁之前的孩子是有记忆能力的。尽管我们绝大多数人都很难回忆起3岁之前的事情，但这并不代表这些记忆消失不见了，相反这些看起来"丢失"的记忆恰恰深深地储存在大脑的潜意识当中，会对孩子以后的成长有着隐性影响。

大脑之所以具有记忆能力，是因为大脑皮层神经元的信息"传递"。大脑皮质是覆盖于大脑上的一层灰质，构成大脑半球的沟和回的表层，这是高级神经活动的物质基础。大脑皮质分为旧皮质、古皮质和新皮质，旧皮质是出现最早的较浅的沟回，约在出生后6个月大时形成。此时宝宝饿了会做出吸吮动作，排便时会发出哼唧声等，这些条件反射从侧面反映了婴儿是有记忆能力的。

3岁以前，我们从外界获取的信息会被藏到大脑的旧皮质。随着年龄的增长，大脑皮质会生成古皮质和新皮质，这些较深的沟回会不断生成新的记忆，然后将储存在旧皮质的记忆覆盖，导致人们无法回忆起来。此时旧皮质的记忆并没消失，而是会变成潜意识，支配着人体的各种本能。

0至3岁，是孩子大脑发育的重要时期，也是能力发展的关键时期，这个阶段的孩子有非常强的可塑性，这也意味着一切皆有可能的生命力。

　　所以在这个时期，每位父母都要充分重视起来，注重与孩子之间的互动，并且是积极有意义的互动，注重向孩子传递快乐的情绪，让孩子感受愉快的学习氛围，助力孩子的大脑和智力全速发育，引导孩子性格的形成与能力的培养。相信在这种良好的刺激下，每个孩子都有成才的机会。

04/ 6 岁的大脑俨然一个"小大人"

　　在文章开始之前先提问一个问题：考入一所名牌大学，在下列四个阶段当中，你认为哪个阶段最关键?

　　学前阶段：0到6岁

　　小学阶段：6岁到12岁

　　初中阶段：12岁到15岁

　　高中阶段：15岁到18岁

　　当我将这个问题问及周围人时，大家给出的回答基本一致——高中阶段，理由是高中是考入大学的冲刺阶段。但是科学的答案可能出乎意料，最关键的阶段其实是0到6岁的学前阶段。为了清楚地说明这个问题，在本节我们会学习0到6岁孩子的大脑发育特点及心理成长规律。

　　0到6岁，这一阶段的孩子虽然有些懵懵懂懂，但是脑科学认为，这是大脑发育最快速的时期，其中大脑神经元突触在2—3岁时爆发性增加，6岁时达到巅峰，随之就会慢慢减少，此时大脑的重量和结构发育基本和成人一样。一个6岁的孩子，智力通常能达到成人智力的80%。

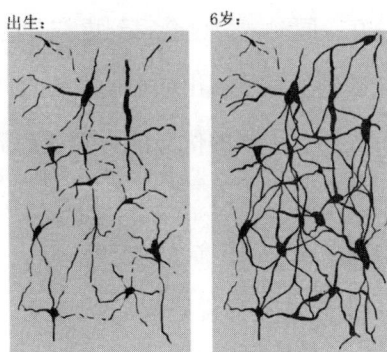

图2-2 大脑神经元突触发育图

每个人的大脑发育只有一次，也就是说，0到6岁是决定人的大脑最终发达程度的唯一时期，也是大脑功能全面发展的关键期。大脑的这种发育规律，决定了大脑潜能能开发到什么程度，几乎100%取决于6岁以前。如果孩子在这一关键期得到科学系统的适时开发，必将事半功倍。

我们举个简单的例子：一对双胞胎宝宝，暂且排除遗传因素，一个出生后放在音乐老师家里养育，老师每天带着孩子听音乐、唱歌；一个出生后放在自己家里养育，每天吃喝拉撒，物质生活条件足够，但是不听什么音乐。大家猜猜，这两个孩子在音乐的潜能上，究竟会有多大的差距。

一个孩子如果在0到6岁，有足够丰富的音乐体验、搭积木的体验、画画的体验等，在这种良好的刺激下，他的大脑一定会发展得较好，同时智力也会得到更充分的开发。

0到6岁，大脑的发育呈现出明显的关键期规律特征，即在不同的年龄阶段会有不同的优势能力发展趋势，简单概括如下：

0—1岁：情感发展与动作能力优势年

关于分娩，我们通常会说妈妈们从"鬼门关"走了一圈。但你知道吗？这对于宝宝们而言也是一次挑战升级。出生后，他们的大脑继续发育，在体验世界的进程中形成全新的神经连接。他们既要同外界各种实物建立连接，也要与养育者（通常是妈妈）建立最初的社会性情感联结。

记得女儿出生时，医生剪断脐带做了简单清洁后，将她放在了妻子的怀里，还叮嘱要多抱抱宝宝，最好是肌肤接触一下。为什么要这样做？护士给我做了相关讲解，早期母婴皮肤接触可以通过感官刺激，如触碰、气味及体温，刺激新生儿大脑中前庭、触觉及运动感觉系统的功能和调节，促进其神经行为的建立，同时有助于增进母子情感交流，减少宝宝焦虑及恐惧不安的情绪。

当新生儿睁开眼睛的那刻，就是他们与外界交流的真正开始，这可以丰富大脑各部分之间的神经联系，提高大脑和小脑之间的配合能力，进而促进智力的发展。这一阶段父母要经常抚摸、拥抱、亲吻孩子，孩子哭闹时要及时安抚，孩子醒着时要积极互动，让孩子感受到被爱和被保护。

1—2岁：语言能力与形象思维发展优势年

1—2岁是语言能力快速发展的重要时期，这一阶段的孩子表现出明显的语言学习行为，这是大脑皮层的语言中枢运行的结果。一般来说，1岁时大脑中的语言知觉、运动神经学基础建立，这时孩子可以有意识地称呼妈妈、爸爸等名词，1.5岁会说吃、喝、坐等动词，2岁会说短句和唱较短的童谣。

为此，我们要结合孩子自身的情况，提供丰富的、生动的语言环境，如问答对话、阅读绘本、讲故事等语言互动游戏。对孩子说话时语速要慢，语调要轻，吐字要清晰，让孩子接收更多的语言信息，这可以促进孩子语言能力与形象思维的发展，让他们更愿意交流，说得更好、更快。

2—3岁：独立意识与独立人格发展优势年

2—3岁的孩子开始出现自我独立意向，渴望摆脱大人的摆布和干涉，此时"自我概念"已经在脑中成形。所谓"自我概念"就是个体对自己的看法和观点，自我感源来自大脑的内侧前额叶皮层，这是位于中央神经沟的一条神经通路，它能帮助我们把自己的感觉整合起来，构建出有意识的心智。

"我会""我自己来""给我"等，这正是"自我概念"的表现。这一阶段，如果孩子的独立活动要求得到满足和支持，将开始建立自我肯定情感，相反则容易产生退缩行为。在确保安全的前提下，我们要协助孩子养成自己的事自己做的习惯，例如学着自己穿衣服、洗脸、刷牙，自己收拾玩具等。这对大脑来说，虽然是一次次艰难的"挑战"，却也是新鲜又有趣的刺激。

3—4岁：数学能力与关键观念发展优势年

"数学好的孩子聪明"，这是我们常听常说的一句话。这句话有没有道理呢？在我认为，具有一定的理论依据，因为数学这门学科不仅是简单的算术，还有空间结构、运算规律等方面的研究，是非常讲究思维判断和推理的。在学习数学过程中，孩子的思维能力可得到全面锻炼。

而3—4岁的孩子正处于身体发育的黄金期，大脑神经链的发育速度十分迅猛，他们对数字、数量的变化相当敏感，这也是培养数学思维能力与关键观念的关键时期。

如何利用这一阶段进行大脑开发呢？我们可以和孩子做一些数学小游戏，比如数一数、比多少、比大小、走迷宫等。也可以在生活中运用数学，比如搭乘电梯时引导孩子数数、带孩子去购物时让孩子算账，这些都可以激发孩子对数学的兴趣，从而锻炼孩子的思考能力，让大脑越用越聪明！

4—5岁：逻辑思维与心理素质发展优势年

随着大脑的不断发育，4—5岁孩子的大脑已经开始具有初级的目的性。之前他们掌握的概念往往与具体的对象联系在一起，此时他们的思维逐渐从动作和直接感知的客体中脱离出来，具有较大的概括性和灵活性。在经验范围内，对于熟悉的事物，他们已能用自己的"逻辑"进行思考了。

逻辑思维是运用概念、判断、推理等思维类型反映事物本质与规律的认识过程。在幼升小、小升初、中考和高考中，都含有逻辑思维的考核，而那些所谓的"难题"大多都是需要逻辑推理的。甚至到了将来的职场，逻辑思维依然是各大公司看重的能力。可以说，逻辑思维能力是伴随孩子一生的硬本领。

为此，父母平时可以多给孩子提出开放性的问题，充分调动孩子的大脑，进行多角度猜想。当孩子主动提出问题时，引导孩子先自己思考，然后再一起寻找答案。

需要注意的是，这一阶段孩子的逻辑思维只是萌芽状态，比较初级，但他们的自我意识进一步发展，而这将影响到心理素质的发展。比如，遇到解决不了的问题时，他们很可能将原因归为自身能力的不足，进而产生畏惧、自卑、焦虑等心理。父母要善于发现、及时肯定孩子的优点，引导孩子学会客观正确的分析，进而形成健康活泼、情绪稳定、积极向上等良好心理素质。

5—6岁：艺术素质与创新思维发展优势年

随着知识经验的日益丰富，5—6岁孩子的大脑中更多的神经元实现连接，而且准确率也有所提高，这就导致抽象概括能力的进一步发展。此时，孩子的认知开始出现一些创造性因素。例如，他们在复述故事的时候，不再完全按照既定的描述或指示，而是能删去无关紧要的部分，还会在不破坏逻辑关系的前提下，根据自己的想象进行加工，加上一些自己认为合理的内容或细节。

这种创造性，就是艺术素质与创新思维的体现。对于孩子的培养，如今已不局限于文化知识的培养，也要注重兴趣爱好方面的培养。5—6岁是培养孩子特长或者兴趣最好的时期，尤其适合绘画、钢琴、古筝等技巧性很高的艺术。不是不可以低龄化，只是这一阶段大脑的皮质细胞已大致分化完成，中枢神经系统趋于成熟，肌肉的发育也更加完善，这些良好的生理条件可使学习效果更好。

以上就是大脑发育的明显规律特征，也是决定孩子是否优秀的关键阶段，必须引起父母的高度重视，做到及时启发、引导和矫正。

05/ 传统"育儿经"里的大脑发育陷阱

"大脑的目标不是正确地认识世界,而是尽可能有效地在世界中生活!"这是美国教育学博士卡尔·诺顿的一句名言,对此我深以为然。这句话的意思是,我们通过外界信息的刺激认知世界,但这不是大脑的根本目标,最主要的是大脑要通过不断分析外界的信息,指导人们做出判断和决策,将行为作用到外界,更高效地工作和生活,避免思维和行为误区。

这一道理适用于所有大脑,当然也适用于任何人,包括孩子。

然而,不少人却信奉传统的错误"育儿经",既没有遵循大脑的运行规律,也没有考虑孩子的实际需求,结果不知不觉陷入"陷阱",耽误了孩子智力开发的最佳时期。

下面,我们就来盘点下不太靠谱的传统"育儿经"。

第一,月子里静悄悄。

家有新生儿,不少人担心宝宝会因响声受到"惊吓",尽量创造安静的室内环境,小声说、悄悄走,甚至房间内禁

孩子的大脑

止出声。这样的做法正确吗？

前面我们已经提及，宝宝一出生就会通过听觉、触觉等去感知周围的一切。而听觉的刺激是宝宝感官发展中非常重要的部分，对早期大脑中神经元的生长与功能性连接的形成，即突触的形成至关重要。如果听觉刺激少，声音不能及时刺激大脑的听觉控制中心，这将延迟听说能力的发展。

新生儿很喜欢听"声响"，月子里要多和宝宝说说话，播放一些轻柔优美的音乐。即便日常生活活动产生的各种声音，如说话声、走路声、开门声、炒菜声等，只要音量不是太大，也是无妨的，这些都有助于宝宝听觉细胞的发育和功能的提高，而且还有助于他们逐渐进行声音识别和区分。

第二，大小便早训练。

把屎把尿是老一辈坚持的育儿观念，现在越来越多的年轻家长已经意识到其中的危害，不过依然有些人认为把屎把尿既省力又清洁还节省了纸尿裤。但事实上，把屎把尿越早，孩子越不会自己学习控制，长大之后就容易习惯性地憋尿，乃至尿床，这些都是非常不利于孩子心理成长的。

因为把屎把尿不是孩子大脑有意识的选择，只是做出的条件反射而已。大小便的正常排泄，需要膀胱中的括约肌和直肠内的神经细胞感受到尿意和便意，然后再由大脑发送指令，由尿道括约肌和肛门括约肌自主执行指令。这是一个自

然发展的过程，并不需要外部因素的协助。

在2岁左右，孩子的生理机制发育完善，神经系统的发育也逐渐稳定，这个时候恰当的如厕训练才是比较合理的，成功的概率也会大大增加。

第三，延迟满足理论。

关于"延迟满足"理论，你一定不陌生。这一理论源自心理学上一个经典实验——棉花糖实验。所谓延迟满足，就是我们平常所说的忍耐、节制，指的是在面临种种诱惑时，甘愿为更有价值的长远结果而克制自己的欲望，放弃即时满足的抉择取向，以及在等待期中展示的自我控制力。

一直以来，我们认为延迟满足可以培养孩子的独立和自控能力。"一哭就抱会惯坏孩子""不要马上满足孩子""要让孩子学会等待"……这些早已成为广为流传的"育儿金律"，但对于年幼的孩子而言却是一场灾难。

解释这一观点，我们要从大脑的神经科学去理解。大脑分为三个基本区域，掌管生理功能的"生理脑"、控制情绪的"情感脑"和用来思考的"思维脑"。

其中，"情感脑"是产生快乐、痛苦、生气、饥饿、满足等原始情感的脑区，这部分脑区的反应通常是无意识和自发的。饿了就哭、哭了要抱……这是"情感脑"发出的情绪要求，而延迟满足就是"思维脑"对情感脑的否定，就是我们常说的"理智与情感的冲突"。理性能压制本能吗？能，但这种压制往往会导致大脑对外界刺激形成过激反应，引发焦虑、愤怒、恐慌等不适感。

我们每个人都不想被除自己之外的其他人所压制，大脑作为一个生命体亦是如此，它渴望一个自由的、无障碍的生长环境。这并不是对延迟满足的全盘否定，而是说最重要的是顺应大脑的天性。该爱的时候充分去爱，该支持的时候尽力支持，给予孩子足够的爱、关注和理解，才是刺激大脑发育的最佳方式。

第四，解救困境陷阱。

相信，许多父母已经明白独立思考和解决问题是孩子的必备能力，但是当孩子陷入困境时，不少父母不忍孩子备受痛苦和折磨，总是迫不及待地出手相助，甚至比孩子自己还主动卖力。把孩子从困境中"解救"出来，无疑是父母出自爱的本能，但这样做的结果呢？孩子会产生一个心理预期，总有人替我解决问题，这会让孩子变得依赖他人，最终丧失独立思考、解决问题的能力。

产生这样的心理预期，不能完全怪孩子，因为大脑本质上都具有惰性。

大脑是如何处理信息的？随着脑科学的不断发展，我们对于大脑的工作原理了解得越来越清晰，现在已经知道大脑通过不同区域之间的神经系统进行信息传递，同时一旦固定的、最为捷径的传导通路形成，大脑出于惯性就会陷入一种思维定式，这也就是为什么大脑会"偷懒"的生理原因。

当大脑习惯了依赖，不再"开疆拓土"，即发展新的传导通路，在"用进废退"的作用下，结果可想而知。

大脑的发育是一个循序渐进的过程，希望更多的父母正确理解这些理论，而不是用误读和曲解阻碍孩子的成长而不自知。

06/ 猜猜看，孩子的大脑最喜欢什么

探索大脑的奥秘是一条无穷无尽的道路，好在通过科学家们一个个的科研成果，至今我们对大脑有了越来越多的了解。从形态学的角度来看，儿童的大脑和成人的大脑构造上基本类似，但是在需求偏好等方面却有不同侧重。想要进行脑力开发，就要了解孩子大脑的喜好，然后投其所好。

猜猜看，孩子的大脑最喜欢什么？

下面我们就来谈谈，儿童大脑的三大爱好。

（1）简单具体的事物

儿童的大脑喜欢简单，不喜欢复杂；喜欢看得见的具体

事物，不喜欢抽象的逻辑。这一现象背后有一个简单的认知机制，即大脑处理外界信息的容易程度。在信息传递的过程中，大脑往往需要进行信息解码和模型重构，越简单越具体的事物，大脑处理起来就越快捷，运行得也更顺畅。

这不难理解，儿童的大脑尚未完全发育成熟，神经元的突触传递效率相对低下，不能胜任过多复杂和抽象的工作，就会不自觉地"偷懒"，客观上出现避难就易的行为。

这一"喜好"启示我们，当向孩子讲述某一观点时，与其解释复杂、抽象的概念，不如举例出与这个观点和概念相对应的案例和具体的事物。比如，"己所不欲，勿施于人"这个成语，孩子很难真正理解其中的含义，那就结合实际的生活经历，要求孩子做到的事情，大人首先要能做到。

（2）富有动态的事物

大脑对于动态的画面非常敏感，那些执行紧急任务的警车、消防车、救护车等，在行进过程中警报灯会不停地闪烁，从而更能引起他人的视觉注意力。注意力，这是大脑做出反应的必要前提。当动态事物引起注意时，大脑就会提醒"主人"，这里有非常重要的事情，进而做出相应行为。

由于孩子的大脑尚未发育完全，他们的注意力持续时间比较短，而且年龄越小的孩子，越容易分心，越会被那些会动的东西所吸引。回想下，当你对着一个婴儿挤眉弄眼、挑眉毛、咧嘴伸舌头，或者躲起来又出现时，他会是什么反应？他会一直盯着你看，一般不是咯咯笑，就是试图模仿你。

利用大脑喜欢动态事物这一特征，我们就可以通过一定的措施，有效地提高孩子的注意力。比如，学习资料一般都是文字和数字，是静态的信息，要想让孩子集中注意力，可以适当补充一些动态资料。比如，通过视频、动画、多媒体等形式的内容联动，把学习内容转变成动态画面。

关于这一点，在后面的章节我会详细介绍。

（3）五彩缤纷的颜色

颜色对大脑的刺激至关重要，尽管儿童缺乏成年人所具备的视觉筛选能力，对相近色彩、混合色彩的辨认比较困难。但有研究表明，他们在观察物体时的第一感受80%来源于色彩的影响，而且年龄越小越容易依靠鲜艳绚丽的色彩来维持注意力，比如五颜六色的绘本最受小朋友的欢迎和喜爱。

了解大脑的这一喜好有用吗？答案是肯定的。生活中颜色的运用无处不在，我们的大脑天生会将色彩与感觉联系在一起，不同的颜色引发的大脑反应截然不同。

比如，大多数人会将红色与紧张、兴奋等感觉联系起来，绿色与复杂的思维和专注、冷静的行为相关，粉色让人感到甜蜜温暖，而黄色让人轻松愉快，精力充沛。

　　监狱是什么颜色？在传统认知中，监狱多是黑灰色的，不过美国有所著名的未成年人监狱，这些孩子心智尚未成熟，性格脾气异常暴躁，尖叫、怒火、吼叫等声音不绝于耳。后来，心理专家建议将监狱墙面刷成粉色，结果发现那些孩子们立即变得不那么好斗，躁动和沮丧感大大降低。

　　现在，你应该了解如何利用颜色引导孩子的大脑了。比如，把孩子的房间布置得色彩明亮柔和，孩子就会拥有平和愉悦的心境，更利于智力的开发和培养。

第三章
别把两三岁的大脑
变成催熟的番茄

大脑发育是一个循序渐进的过程，不同年龄段的大脑发育程度也不尽相同。爱孩子就要尊重孩子的成长规律，让他们在合适的年龄做合适的事，父母要做的就是默默陪伴，静待花开！

脑知识

孩子从小练情商，
不如家长先把智商找回来

人有两大商值，智商和情商。

情商简称EQ，通常指情绪商数，又称情绪智力。儿童情商主要是指在情绪、情感、意志、耐受挫折等方面的品质。高情商的孩子，多半社交能力极佳，能与人友好相处；善于克制情绪，性格外向而愉快；有坚强的意志和勇气，能承受压力和磨难，这样的孩子走到哪里都会更受欢迎。

高情商是孩子走向成熟优秀的重要标志，这已成为一则众所周知并深以为然的公理。在当下，越来越多的父母都对情商培养倍加关注和重视，却又往往容易陷入无谓的焦虑，因为过于重情商往往忽略了大脑的真相——大脑发育与智力发展的关系。

智力就是智商，通常用智力商数来表示，用以标示智力发展水平，是人们认识客观事物并运用知识解决实际问题的能力，包括认知能力、观察能力、思维能力、记忆能力、应变能力等多个方面，这是一种理性思维、判断、推理、决策的能力。

智商和情商是两个截然不同的概念，为什么会出现这种差异？

因为我们的大脑不是一个完整的球体，而是由大脑纵裂分成左、右两个大脑半球。为什么要分成左右两半？这就是大脑的奇妙之处，两半球分别负责不同的"任务"，其中左脑主管具有连续性、有序性、分析等的理性思维，右脑则主观感受、理解、情感等能力，即是非理性的能力。

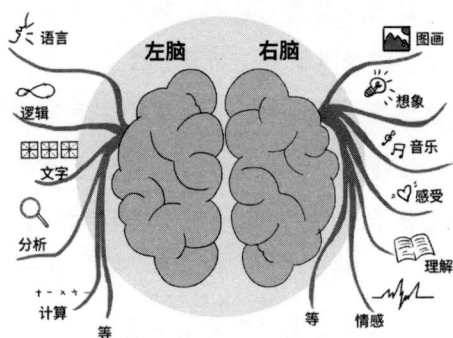

图3-1 左右脑功能图

不难看出，智商主要是左脑的功能，情商主要是右脑的功能。正是因为这种不同，脑科学上有一种说法是"左脑懂逻辑，右脑有创意"，左脑是需要开发训练的，右脑则需要打破条条框框。这也启示了我们，在大脑的生长发育黄金期，与其让孩子从小练情商，不如先把智商找回来!

这一观念的核心内容是：能力是可以通过训练发展和提高的，比如一个孩子原本不擅长观察，我们可以通过引导孩子多看、多比较、多分析，通过努力从不擅长到逐渐擅长，提升自己的技能。这一训练正是对大脑的重塑，如果孩子持续地提高自身能力，终有一天，量变会产生质变。

在这里，不是说智商比情商更重要，而是强调要更好地刺激大脑。何况，智商研究的是如何用脑做事，情商研究的是如何用心做人。任何情商都要建立在一定的智商基础之上，没有基本的智商，就不可能存在任何情商。而且，二者既相互区别，又相互促进、共同发展，有着密切联系。

观察大脑的结构可以发现，左右两半球并非完全分离开来的，它们之间由一束很大的联合纤维——胼胝体彼此相连。胼胝体虽然只有我们的拇指那么大，却包含了大约2.5亿条神经纤维，这样的数量足以让两个脑半球好好沟通了。如果把胼胝体切断，分开左右脑半球会发生什么?

　　癫痫是某个脑区过度活动，进而扩及了大范围的脑部区域。为了抑制过度放电的情形扩散得太严重，科学家在60年代将这类病人的胼胝体切断。结果发现，当看到一件物品（例如橡皮鸭）时，左脑可以辨识出那是什么物品，所以病人可以正确地判断该物品的名称（这是一只橡皮鸭！）。胼胝体切断后，由于语言中枢在大脑左脑，右脑没有语言功能，病人便无法说出该物品的名称。

　　想象一下，这该是多么恐怖的灾难。

　　"左"与"右"，是大脑的神奇分工。所谓"存在即合理"，所有认知功能的执行都需要左右脑共同参与，既要重视情商的培养，也要加强智商的训练，才能变成一个左右脑平衡、思考力与创造力并重的全脑人。也可以说，智商高的孩子，情商才不会很低；情商高的孩子，智商也不会很差。

01/ 聪明人的大脑该是什么样？

自从电脑普及之后，人们在谈起大脑的时候，总忍不住将人脑和电脑相类比。于是，有人就说了：聪明人的大脑，就如同是高配置的电脑，拥有比普通电脑更快的处理器、更高的内存、更大的硬盘，它的运算速度快、存储量高，所以高配电脑比普通电脑"聪明"。以此类推的话，聪明人的大脑拥有更快的反应速度，更强的记忆力，所以他们就比普通人更聪明。事实真是这样吗？

不是。这类说法明显忽略了一个基本的常识——电脑没有演化的能力，而人脑却总是在不断地演化之中。电脑是不是"聪明"，从它出厂的那一刻就已经是一个"定数"了，可人脑不是这样，一个孩子来到人间，他的大脑就开始了不断的演化，最终他是聪明还是普通，要看演化的结果。

注意，我这里用到的词语是"演化"，而非"进化"。因为大脑的变化并不全部都是积极的，也不都是在朝好的方向发展，这就是说，它可能是在"进化"，也可能是在"退化"，所以我们只能说它是在演化，因为这个词语同时包含了"进化""退化"两层含义。可以这么说，聪明人的大脑，就是在演化中不断进化的大脑，而普通人的大脑，则是在演化中持续退化的大脑。

这里需要强调一件事情，所谓的进化和退化，指的并不是"大脑"这个整体，而是一些特定的功能区域。

那些所谓的天才之所以更聪明，往往不是因为他们的大脑作为一个整体处处都比别人强，而是他们大脑中的"关键区域"进化足够充分。遗憾的是，现在很多人总是强调"木桶理论"，认为一个人能获得多少成就，不是取决于他的"长板"（优点），而是取决于他的"短板"（缺点）……

殊不知，这个理论只对大部分普通人有用，因为大部分普通人虽然也有长板，但是他们的长板还没有长到足以让人忽视短板存在的程度，如此情况下，"弥补短板"当然是很重要的。可对于杰出的人才来讲，这个理论是不成立的，只要他们的长板足够长，那么他就可以获得成功。

比如爱因斯坦，当他在物理学上获得巨大成就后，谁还在乎他在生活里其实是个不爱穿袜子、每天要睡10小时懒觉的"笨蛋"？

还有一类人，也不应该被木桶理论所束缚，就是孩子。

"孩子不适用木桶理论"的意思，并不是在阻止家长去培养孩子的全面发展，而是强调，孩子的大脑发育尚未完全成熟，一味地弥补孩子的不足，逼着他去全面发展，一定会分散他的大脑资源，最终的结果就是——你培养出了一个专业能力一般，但是又能给公司画海报，聚会的时候会弹钢琴给同事伴奏，还能下班和领导一起踢足球的人才……从结果上讲，这样的人很不错，也可能会有所成就。但是作为家长，这是你培养孩子的目标吗？这个问题值得大家思考一下。

以"全才"的要求去培养人才，最终结果可能是造就一个"庸才"。

以上，是作为一个"普通大脑"的塑造过程。而聪明的大脑，是什么样子的？有团队做过相关研究，他们对于各业的成功人士，包括艺术家、发明家、音乐家、商人、奥运冠军等做了跟踪采访，发现成功者的大脑中都有一块高度进化、高度发达的区域，除此之外，他们的大脑和普通人没什么区别。

还是爱因斯坦，他的大脑当然是非常聪明的，我们可以推断，他大脑的逻辑思维区域进化到了常人难以企及的高度。但与此同时，我们也要知道，爱因斯坦年轻时患有语言障碍和读写障碍，这意味着他大脑中的语言区域一度处在退化的状态中，在这方面他就是个一般人，甚至还不如一般人。

　　所以，聪明的大脑其实很"单纯"，就是要具备一个特别发达的区域。

　　不要总想着我的孩子还有什么不足需要弥补，我的孩子还有哪做得不好需要加强，而要准确引导孩子找到喜爱并擅长的事情，支持和配合孩子在这个领域"深耕"，如此才能在大脑中早早确立"核心区域"，让它成为孩子的"绝对优势"，进而让孩子成为一般人难以比拟的"聪明人"。

02/ "早熟教育"对大脑做了什么

　　在培养孩子的过程中，不少家长希望孩子能够早些懂事，至少能体谅父母的良苦用心。为了更早地看到成果，于是经常对孩子提出过高的、不适合孩子的要求，或者给孩子灌输不符合其年龄及心理发展规律的知识……似乎孩子早早地学会像成年人那样去思考、去做事，是一种过人的本领。

　　然而，这种早熟教育真是一件好事吗？

　　童童今年刚读小学二年级，年纪虽小打扮却极为时尚，黑色抹胸裙、白色蕾丝衫……经常化着淡淡的妆。童童妈妈说起童童来炫耀中带着骄傲："我家童童从小就是时髦精，每天自己用心搭配衣服，我的眼影、口红、眉笔、面霜她也都要用一用。问她为什么，她说我们女人就要美美美。"

听闻电视台举行"少儿形象大使"选拔赛，童童妈妈第一时间给女儿报名参赛，还请假一周进行专门训练，学模特走台、学即席演讲……结果，没有入选。当我安慰童童时，她却语出惊人："这种比赛大多都是内定的，冠军应该有后台，或者送了礼，我重在参与就好，对自己也是历练。"

小小年纪，行为举止却完全不符合她的年龄，老气横生得俨然一个"小大人"。本该天真活泼的孩子怎么了？这背后到底发生了什么？

这一现象，在当今社会具有一定的普遍性。探究原因之前，我们不妨先来讨论一下早熟是什么？我们可以把生命比喻成一棵果树，对于果子来说，早熟就是A果子比B果子早成熟了。我们知道，无论是桃还是李，成熟各有时节，打药催熟的，没熟就是没熟，味道始终会带着一丝酸涩。

早熟的果子，若是酸涩不适口，我们扔掉即可，而早熟的孩子呢？

"早熟教育"究竟对大脑做了什么？可以肯定地说，有喜亦有忧。

喜的是，孩子的智力发展依靠大量的信息刺激和行为操作，早熟教育能让孩子早些接触现实世界的复杂，了解成人世界的种种法则，脑潜能的激发水平会更高，他们的心智能够成熟得早些。

忧的是，新的脑神经研究表明，早熟教育往往会令大脑的神经中枢提前启动，由于提前限制了条条框框，神经元之间的连接数量会相对减少，这会让孩子过早失去以孩童视角观察世界的机会，丧失对新事物的好奇心和探求欲望，进而导致行为和情感控制不良、人格与行为障碍等。

所谓早熟教育，说到底是为了让孩子早些实现心智上的成熟。

那么，什么是心智成熟呢？真正的心智成熟是大脑内神经元之间丰富的、准确的连接，这是伴随着对事物的认知水平同步提升的。过早进入成人世界的孩子，并不代表他们心智已经成熟，相反他们的成长限于对成人的模仿，缺乏对自我的真正认识，等到了成人年龄，反而往往会事与愿违。

例如，在数学脑区未成熟时学习数学，难度和内容超出孩子年龄阶段正常心智水平，这时大脑会激发其他脑区替代数学区，短时孩子在数学上表现聪明异常，但等到数学脑区正常发育时，孩子自我发展的脑区能力往往大大低于正常的数学脑区能力。这就是为什么过早学习数学的孩子小学低年级时名列前茅，到了高年级反而低分的生理学原因。

大脑的发育是循序渐进的，会随着年龄的增长而增长，而早熟是未在适当的年龄得到适配的快乐，精神发展和大脑发育极度不同步，这对于大脑也是一种伤害。

英国著名教育学家卢梭说："大自然希望儿童在成人以前，就要像儿童的样子。如果我们打乱这个次序，就会造成一些果实早熟，它们长得既不丰满也不甜美，而且很快就会腐烂。"

按照联合国教科文组织的定义，0到18岁年龄段都可以称作儿童。儿童本应纯洁无瑕、天真烂漫、活跃好动的，不必加速将儿童推入成人世界。

我认识一位私立小学的校长，这所学校规模比较小，全校仅有150名学生，却受到诸多家长的一致好评。关键在于，该校把培养的重点放在孩子的全面发展上，不仅开设了音乐、表演艺术、公开演讲等多领域的教学，而且积极引导学生在课余时间参加体育运动，相对来说课业负担并没有太重。

走进校园里，随处可见童真的印记，比如"大黄蜂"变形金刚、风车以及各种拼装玩具等。给我感触最深的就是每个遇到的孩子都是微笑的，而且是那种发自内心的笑，是真实地感觉到自己的存在和价值。"这些孩子处在天真烂漫的年龄，每天过得愉快而充实，才能充分开发大脑的潜能。"

对于校长的这句话，我深以为然。

大脑的发育是有阶段性的，婴儿、幼儿、儿童等不同年龄段的孩子，心智认知能力是不一样的，并且不在同一个水平线上。无论是父母，还是教师，我们要停止让孩子过早地接受不符合其认知能力发展的教育，而要给孩子自己支配的时间和空间，鼓励孩子在合适的年龄做合适的事。

　　未来的竞争是激烈的，需要早做准备，但对于孩子的成长要顺其自然。毕竟，心智健全才是孩子在未来社会立足的最起码的资格。

03/ 天资聪慧的人是如何被摧毁的

　　《伤仲永》想必大家都已耳熟能详，这是一则"神童"夭折的故事，读来耐人寻味。

　　然而，现实中这样的孩子也不少见，比如有些孩子小时候天资聪颖，能唱会跳、能写会画，表现出来的学习力和领悟力远超于常人，与同龄儿童相比有种鹤立鸡群的感觉，很讨家长和老师的喜欢，可是随着年龄的增长，他们却变得越来越平庸，成为"小时了了，大未必佳"的典型。

　　伤仲永的悲剧究竟是怎么发生的？为什么他会由天资过人变得"泯然众人矣"？原因是"父利其然也"，这个"利"字一针见血，突出其父贪图小利，目光短浅，把仲永作为获取钱财的工具，"不使学"就是智能每况愈下的关键。也就是说，他后天未受到良好的教育或不知努力学习，脑力发生退化。

即便是仲永这样的神童和天才，如果不注意后天的教育和学习，甚至自视甚高而不继续努力，天资也会逐渐被摧毁，进而后天一事无成，甚至沦为平庸之辈。这也有力地阐明了一个发人深省的道理，人的天赋才能虽有高下之分，但后天的教育和学习对于人才的成长起着决定性的作用。

为什么有的孩子小时候聪慧过人，长大后却没有出人头地？

为什么有的孩子小时候默默无闻，长大后却登上人生巅峰？

望子成龙、望女成凤，这是天底下所有父母的共同心愿。试想，谁不希望自己的孩子能从小到大一直保持优秀呢？那究竟是什么秘诀，能让孩子天资聪慧，一鸣惊人呢？

要解答这一问题，我们先要了解智力的真正定义。

具体来说，智力包含神经智力、经验智力和反省智力三个方面。有人可能要问，这三种智力到底是什么？接下来我将一一详解。

神经智力是来自神经系统的智力元素，我们知道，大脑内神经元越多，形成的突触越多，人往往越聪明。这种智力讲究神经系统的有效性和准确性，最初受基因的影响大，天生的成分高。比如，有的孩子从小脑子灵，接受能力强、反应更快，学习速度快，一教就会，这个确实有天生优势。

比如，获得诺贝尔奖的数学家约翰·纳什。纳什对数字非常敏感，无论多么复杂的结构，他仅仅凭借心算，就可以找到其中的规律，还可以通过记忆进行数字编码，破解编程密码，这突出展现的就是神经智力。

与神经智力有所不同，经验智力往往是后天教育对大脑的塑造。所谓经验智力，指的是通过长时间的学习、经验积累和长时间的技能体系或者知识体系支撑的能力。经验智力是理论与实践的结合，是通过感受外界刺激或者接收外界信息，促进神经元的生长发育，以及相互间的连接。

15岁时，小野二郎开始学做寿司。他称不上聪明，但是却很努力。为了做好寿司，他不停地练习拧毛巾，一遍又一遍地煎蛋，还会精心为鱼肉按摩……经过后天长时间的练习，如今小野二郎做寿司就像是弹奏乐曲，像在表演艺术，被誉为"寿司之神"。这就是经验智力，是苦练出来的。

反省智力说起来相对复杂一点，这是和理性密切相关的一种智力，是建立在逻辑分析、推理、抽象与概括基础上的思维方式。反省智力高的孩子，做事情的时候具备独立性，还具备善于思考、观察、总结的能力。这对于一个孩子来说是非常重要的能力，反过来也会刺激大脑的发育。

当前大多数父母认识到的智力，只是第一种神经智力，也就是孩子是否早智早慧。殊不知，神经智力只是大脑活动的基础，经验智力和反省智力才是"放长线钓大鱼"。

那么，这三种智力是如何组合的？

脑科学家认为，真正的聪明＝（神经智力＋经验智力）×反省智力

这个公式已获得教育学者的一致认可，通过这个公式不难看出，反省智力如同一个放大器，可以将神经智力和经验智力放大好几倍。

为什么反省智力那么重要？我列举一个例子，便能一目了然。

甲和乙是同班同学，年龄相仿，并且同时学习数学知识。在这里，我们假设甲的神经智力和经验智力高于乙，而反省智力却没有乙好，我们看看接下来会发生什么。这种假设并非不可能，我相信，只要当过老师或者带过两个孩子的家长都应该知道，人与人之间的智力是存在差异的。

接下来我们会发现，甲的学习能力比乙强，知识接受能力很快，他的经验智力也会叠加得比较快，可能半个学期就把一个学期的东西学完了，而且很容易就能得到好的成绩。但是由于甲的反省智力不好，随着知识量不断累加，混淆现

象开始以不同形式出现，以至于让学习变得困难重重。

而乙同学呢？他的脑子稍微笨一点，学得比较慢一点，但反省智力很好，他会通过思考和分析，搞清难题究竟难在什么地方，进而通过解析攻破难题。了解自己学习的短板是什么，及时进行完善和提高。可能他的成绩暂时落后于甲，但一个学期下来，或者一两年下来，谁会胜出呢？

这就像龟兔赛跑的故事一样，开始领先的，不一定最后能赢。

明明一个知识点学懂了，但换个题型感觉还是不会？

公式都记下来了，但是一做题就不知道该用哪一个？

······

这些都是反省智力欠缺的表现，大多数孩子的神经智力相差不大，差距主要是经验智力和反省智力。在孩子的成长过程中，如何开发孩子的智力，让孩子变得更聪明呢？答案显而易见，必须重视后天教育，引导孩子专注地做事，不断坚持学习，搭建科学的思维体系，且持之以恒地努力。

04/ 六月的天，娃娃的脸，说变就变

前一秒还在嘻嘻哈哈玩耍，下一秒就突然大哭大闹。

刚刚还和伙伴有说有笑，一转眼便彼此怒目相向。相信，这样的场景很多家长都不陌生。我们常用"六月的天，娃娃的脸"来形容孩子的情绪变幻莫测，让人摸不到头脑。不少人也会感慨，孩子的心思你别猜，猜来猜去也猜不明白。

然而搞不懂孩子的心思，就堵住了孩子的心门，是难以教育好孩子的。孩子的脾气总是来得快去得也快，这是情绪不稳定的表现。如果家长不了解真实情况，不能及时帮助孩子处理情绪，不良情绪长期积累，会给大脑带来强大的潜压力，导致精神忧郁、孤独、苦闷等心理疾病。

那么，究竟是什么导致孩子的情绪如此不稳定呢？

学习生活压力太大？面临难以处理的问题？遭遇不如意的境遇？……这些原因都有可能引发情绪变动，但这些都是客观原因，关键还要从主观原因分析。

情绪的神经中枢大多聚集在大脑皮层，与大脑结构之间存在着紧密联系。在这里，我们可将大脑结构想象成一个核桃，其中"核桃仁"包括边缘系统和脑干，这里是大脑原始功能的部分，负责呼吸、眨眼、心率等基本功能以及僵持、逃跑等先天反应；而"核桃皮"主要包括大脑皮层，这部分掌管的是与思考力、自控力等能力相关的内容，包括情绪和身体控制。

比起成年人，孩子的大脑皮层发育尚未发育成熟，"核桃皮"的功能并不完善。这就导致了孩子缺乏相对理性的思考能力，不能很好地控制自己的情绪，而且容易喜怒无常，起伏不定。再加上语言表达能力有限，哭和笑就成了他们最常用的情绪表达方式，开心的时候大笑，生气的时候大哭。

随着大脑的发育，大脑皮层会逐渐扩张并折叠，轴突增多，沟回也增多，功能发育也更加完善。一旦"核桃皮"发育好了，孩子对情绪和身体的调节和控制能力就会大大增强。面对情绪或身体上的强烈反应与冲动，他们会在行动之前进行分析、预见后果，并且体谅他人的感受。

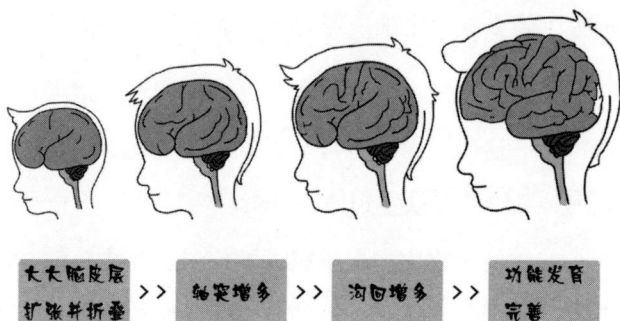

大大脑皮层 >> 轴突增多 >> 沟回增多 >> 功能发育
扩张并折叠 完善

图3-2 大脑的发育

大脑的生长发育，最终达到成人状态，是一个循序渐进的过程，这需要漫长的时间来完成，不可能强行通过人力改变。但作为家长，我们可以利用科学的方法保护孩子不成熟的"核桃皮"，引导孩子拥有理性思考的能力、自控力和辨别正确行为的能力，进而在情绪上表现出相对的稳定性。

具体来说，我们应该如何做呢？

（1）制定家规，建立规矩感

如果孩子总是情绪不稳定，易变化，常冲动，家长可以试着制定家规，比如告诉孩子什么是好的行为、恰当的行为；哪些行为是不可以的、不被允许的，否则要承担什么后果。当孩子违反了规则或破坏了纪律，要为自己的行为承担后果，还要告诉孩子错在哪里，为何要承担这个后果等。

让孩子按照规则办事，不仅有助于孩子控制自己的情绪，还能让孩子做事更有条理。请相信他们，毕竟我们的大脑原本就喜欢有规律、有组织和有安排的信息。

（2）适时地转移注意力

情绪需要的是疏导，而不是压抑，对于孩子尤其如此。当孩子不断哭闹，或者撒泼打滚时，别和这个好像被情绪掌控的"小魔鬼"硬碰硬，训斥他、吆喝他，那样孩子只会更加哭闹，之后情绪更不稳定。此时，不妨迂回地处理问题，想办法转移他的注意力，情绪缓解后再慢慢和他讲道理。

孩子的大脑皮层尚未发育成熟，轴突较少，沟回也较浅，因此他们的注意力没有那么集中，说点他们感兴趣的事情，用喜欢的玩具吸引一下，或者到户外散散步，运动一下，只要适当地转移注意力，他们就会忘记之前的事情，又变成比较听话的宝宝了。虽然这是治标的办法，但确实很有用。

（3）营造温馨的家庭环境

"孩子就是我们的一面镜子，一面会说话有思想的镜子。"

这句话你们认同吗？我个人是非常认同的。据我多年的观察，如果一个家庭幸福美满，父母很少吵架，那么孩子的情绪也会比较稳定平和。如果父母的情绪十分不稳定，经常当着孩子面吵闹，情绪激动起来还会对孩子怒吼，孩子一定会变得暴躁易怒，做事很容易情绪化，心理素质也会变差。

家庭环境和家长的言行，往往能重塑孩子的言行，甚至大脑。说到底，人的心理活动是大脑对外界客观事物的刺激所做出的反应。

若要帮助孩子克服喜怒无常的毛病，我们就要先从自身做起，努力营造温馨平和的家庭环境，和孩子要轻声细语的交流，切忌不可大吵大闹，大喊大叫，多给孩子呈现幸福快乐的情绪，这些良好的刺激都能对孩子的情绪产生很大的影响，同时促进大脑皮层的发育，形成控制情绪的能力。

05/ 孩子"脑回路新奇"并不是坏事

在与孩子相处的时候，什么最让你印象深刻？相信不少家长心中早有明确的答案，那就是孩子说的话，问的问题经常出人意料，他们的视角和天真总是让人惊讶感叹。

"我想给月亮安一盏灯，这样晚上我就可以在外面继续玩了。""天空会下雨，是不是它伤心了，在哭鼻子？"……孩子们类似的"脑洞大开"，常令我们哭笑不得，有的甚至颇为"棘手"。一些家长常为此大伤脑筋，"别人家的孩子都知道ABC了，我的孩子还在问十万个为什么，这怎么行？"

其实，孩子的奇思妙想并不是坏事。

脑科学上有一个术语，叫"脑回路"。什么是脑回路？我们知道，大脑由1000多亿个神经元构成，在大脑发育过程中，为了进行信息传递，神经元之间需要建立连接，它们延伸轴突以相互接触。不同的信息则经由不同的传输路径传输，这样神经元在大脑和目标组织之间就形成了回路。

以认字识字为例，识记是一种反复认识某种事物并在脑中留下痕迹的过程。识记生字的时候，为了快速传递信息，大脑中负责传输声音、辨别形状、理解意思，发声的脑细胞就会连接在一起，形成一个完整的神经环路，即脑回路。一旦形成脑回路，信息会在神经通道内迅速被登记并再现。

大脑虽然和计算机功能类似，但不同的是，它无法像电脑中央处理器一样一股脑地处理接收到的所有信息，而是依靠不同的神经环路，平行处理各类信息，这种方式可有效加快信息处理的效率。比如，现在的电子产品几乎都是流水线作业，每人完成一小部分，工作简单，易上手，效率也高。

"脑回路"越多，大脑往往越灵活。所以，孩子，尤其是三四岁的孩子，学习能力是惊人的。好些两三岁的孩子字都不认识，更不懂古文讲的什么意思，却能背诵很多古诗。这样的学习力是大多数成年人望尘莫及的。对于不识字的孩子来讲古诗词就相当于外文诗，你可以尝试跟着翻译软件背诵一些看不懂的外文诗歌，看看得花多久才记得住？你一定不如孩子背得快。

随着大脑的发育，脑回路的数量会相对下降。那么，这莫非意味着孩子会变笨？也不是。要解释这一疑问，要涉及灰质和白质。

灰质是中枢神经系统的重要组成部分，包含大量的神经元及其树突，颜色灰暗，负责记忆、学习、语言、感知判断、情绪等一系列人类高级行为，功能相当于电脑的芯片组。白质则由主要由被髓鞘包围的轴突构成，色泽亮白，负责神经信号的快速传导，相当于电脑里面各路数据线。简单来说，大脑中的灰质越多，脑组织的可塑性越强；白质越多，脑组织的反应速度越快。

儿童时期脑细胞数量多，但连接不多，成长过程中通过学习不断互相产生连接，从而脑回路也会越来越多。随着大脑的日趋成熟，灰质逐渐减少，大脑的神经回路变得更短更简洁，胡思乱想就会少些。腾出来的颅内空间，就用来容纳更多的白质。白质增多，各脑区之间协同运算的速度就越来越快。

综上所述，这其实是大脑在成长过程中高效化信息处理的过程，也就是根据成长经历、学习等过程简洁化、高效化"脑回路"，进而使我们从广泛学习向专精于某些领域发展。

听到这里，大家是不是豁然开朗了？孩子的"脑回路新奇"正说明他们的大脑很活跃，也就是我们常说的脑子转弯快，这也是孩子区别于成人的所在——充满了幻想和跳跃。闭上眼睛回想自己小时候，你是不是也有很多"天马星空"？只是长大后，接受过相似的教育，社会文化影响，"脑回路"会有很多相似点，孩童的天性被成人的理性所取代，才会渐渐变得成熟起来。

　　所以，父母们完全不必担心孩子的"天马星空"，更不用盲目地纠正孩子"稀奇古怪"的言行，而要珍惜孩子这段"天真"的时光，给予大脑自由的发展空间。试想，如果每一个大脑都遵循成人大众普遍的看法，那么生命将会是多么的无趣，世界上也就不会有所谓的发明创造了。

第四章
自由、尊严和爱，
才能脑力全开

合理而适当的刺激，能促进孩子大脑的神经连接，拓展身体、智能、情感等多领域潜能。何为合理而适当的刺激？对孩子的接纳、尊重、理解、信任等，这是开启内在智慧的关键"钥匙"。

脑知识

一场脑电波与环境的"隔空对话"

大脑内部是由多个模块系统构成的，具体包括认知模块系统、情感模块系统、行为模块系统等。这些模块系统有些是一代又一代遗传下来的，如刚出生的婴儿饿了就要哭，饱了就会笑。但大部分模块系统要通过学习和实践进行"搭建"的，且是在脑电波与环境的"隔空对话"中实现的。

你听说过"脑电波"吗？脑电波和心电图大致上差不多，反映的是脑部用电的生理节律。神经元相互之间传递信息时会产生相应的电信号，因为人体导电，这些电信号就可以在头皮上用电极记录到。脑电波是大脑活动伴随的产物，科学研究发现，外部的刺激越强烈，脑电波的波动越大。

那么，脑电波与环境具体是如何"对话"的？

大脑具有趋利避害的本能，还会习惯性地滑向舒适区。在和环境的接触中，如果一些"信息"，给予的刺激是舒服的，对于基因的目的是有利的，那么大脑就会呈现活跃的脑电波。随着时间的迁移，慢慢形成各种各样的沟回，进而构成各种不同的模块系统，大脑的各种功能渐渐发达。

也就是说，大脑的发育虽是遗传和环境交互作用的结果，但大脑形成什么样的模块系统，最根本的原因取决于什么样的环境。

既然孩子的大脑受外界环境因素的影响更大，那么不管我们父母的智商高低，孩子的底子好还是差，我们都没了偷懒和懈怠的借口。

不同形状的玩具、色彩斑斓的绘本，给孩子提供丰富的认知刺激。

用关爱、理解和耐心，给予孩子稳定、积极的情感支持。

为孩子的成长创设宽松、和谐、融洽的氛围，防止过度的压力和焦虑。

在儿童发展的不同阶段，向他们提出难度适中的一系列新奇的挑战。

带孩子参与到社会情境中去，鼓励他们学会和人沟通交流。

......

要相信，教育上的每一点努力和付出，都可能对孩子产生深远的影响。

01/ 大脑最喜欢品尝"爱的味道"

孩子的大脑是最珍贵的资源，不可以浪费。相信不少父母已经认知到这一点，为了更好地开发孩子的大脑，让孩子拥有一个美好的未来，很多做父母的都会竭尽全力，每天辛苦工作赚钱，在能力范围内给予孩子最好的，送孩子去好的学校、好的班级，不惜花钱让孩子参加各类培训班等等。

孩子真能如你所愿吗？未必！很多孩子并没有变得更好，而是出现各种令家长头大烦恼的问题，而且和父母之间的距离越来越远。其中的原因就在于，我们普遍不了解孩子的大脑。家长心里认为最好的，不一定是孩子最想要的。而我们家长忽略的东西，往往是孩子们最需要的。

孩子最需要什么，你知道吗？神经科学研究一直在考察大脑与学习和行为的关联，最终发现，爱的存在或缺失，是决定孩子大脑能否发育良好的最重要因素。

当一个孩子感受不到父母的关爱时，他可能会有什么样的感受？孤独、自卑、怨恨、绝望、害怕……在与外界环境的接触中，大脑就像是电脑一般，能快速分析出好的感受和不好的感受。对于好的感受，大脑会心生喜爱，而不好的感受，则会抗拒厌恶，这是大脑出自本能的一种防御机制。

图4-1 大脑的防御机制

一旦孩子的大脑习惯性地抗拒外界，神经元对刺激的兴奋程度就会下降，甚至感受不到刺激，产生不了兴奋，大脑较为原始的部分会干扰理性思考，脑部各个区域系统会暂停大部分工作，孩子就容易出现反应缓慢，接受能力差；注意力不集中，易分心；不愿与人交流，沟通能力差等表现。

在这里，我要提醒广大父母：你们才是孩子最好的脑力开发者，你们的关心与爱心是孩子大脑最渴求的东西。你们对孩子的爱越多，他的大脑就发育得越好。

问题恰恰在这里，我们不断发现的事实是，每位父母都很爱自己的孩子，很多父母甚至给了孩子过多的爱，为什么孩子的发展仍然不如预期？关键原因是我们爱的方式和方法可能不对。孩子的感知能力很强，理解能力却很差，当父母的爱意表达不当，"深爱"就会被孩子误解为"不爱"。

那么，在亲子教育中，我们该如何正确表达"爱"呢？

（1）学会真正地接纳孩子

学会接纳孩子，这是父母最需要做的一件事。什么是接纳？通俗地说，接纳就是不带任何评判地接受孩子的感受、想法和行为，让孩子成为自己想要的样子，而不是让孩子成为我们手中的提线木偶。

孩子的有些想法，在成熟的父母眼中，可能会显得滑稽可笑，可能会有些不切实际，但我们需要明白，每个孩子都是一个独立的个体，每个大脑的神经连接都不尽相同，真正地接纳孩子，孩子越使用自己的大脑，越能激活各个神经区域，脑细胞的活跃度越高，彼此的连接越多越能成才。

譬如阿姆斯特朗，小时候他就对宇宙产生了浓厚兴趣，梦想自己有一天能遨游太空。在他人看来，这种天马行空的想法不切实际，甚至有人认为他过于离谱，劝说他的母亲赶紧管教。但阿姆斯特朗的妈妈并没有干预，反而支持阿姆斯特朗的想法，并在精神上、物质上给予他鼓励。最终，阿姆斯特朗成为智商爆表的天才，成为世界上第一个登陆月球的人，实现了伟大的太空梦。

(2)陪伴是给孩子最好的爱

曾有人问我"什么是培养?"

我的回答很简短:"培养就是陪着养。"

在儿童的认知发展过程中,父母起着至关重要的作用,尤其是0到12岁的孩子心智尚未成熟,对外界充满好奇心、模仿性,也对未知的事物抱有恐惧心,此时倘若父母能用爱心、耐心和细心来陪伴他们,既可以给大脑提供良好刺激,也有利于孩子形成正确认知,教育效果是非常理想的。

可能很多父母会迷茫,我陪孩子看书、讲故事、到处玩耍,为什么孩子还是感受不到爱?扪心自问,你在陪伴孩子的过程中是真的付出了全心全意吗?有的家长把孩子一个人丢在那里玩,或者让孩子一动不动地看电视,自己却盯着手机,经常一副严肃淡漠的脸,这让孩子如何感受爱?

在教育过程中,陪伴必须是有效陪伴。经常给予孩子微笑、紧紧地拥抱孩子、充满爱意地抚摸孩子⋯⋯也许孩子并不能理解什么是爱,但这些可以给孩子带来触觉的刺激,让大脑进入轻松愉悦的状态,进而极大地发挥潜能。

一个男孩自出生便患上脑部麻痹症,造成大脑与运动神经受损,大部分的肢体完全没有知觉,而且还有继续恶化的可能。但是妈妈却不"信邪",每天微笑着诉说对他的喜爱之情,同时不断地、温柔地抚摸他的身体。渐渐地,男孩原本毫无表情的脸部有了笑容，手和脚也渐渐有了反应。

爱，是最好的外界刺激。

父母只需用心想想这些例子，就能明白孩子的大脑无须花钱来"开发"，我们也根本不必舍近求远，给予孩子多多的关爱和支持，心平气和地和孩子交流……这才是对孩子最佳的脑力开发，才有助于他们全面的发育成长。愿我们都能用爱心、耐心和智慧去表达爱，也被孩子爱着、感动着。

02/ 父母吵架时，孩子的大脑在干什么？

我看过一则来自泰国的公益视频动画短片——《吵架的父母》。故事情节是这样的：一个雷电交加的夜晚，上一刻还在给女儿讲故事的妈妈，这一刻听见丈夫回家的声音，愤怒地冲出房门，紧接着是大声争吵的声音。孩子想偷偷看看情况，猛然发现爸爸妈妈此刻变成了怪兽，纠缠在一起厮打。女孩被这个场景吓坏了，准备跑回自己的房间，结果房门被怪兽堵住了，她无处可逃……

这个片子是不是很恐怖？短片只有4分钟，却看得我心惊胆战。这不就是很多家庭的真实写照吗？以孩子为第一视角来看，父母吵架无疑是最恐怖的事情。

一项调查研究显示，夫妻经常吵架的家庭，孩子的情绪会不稳定，容易自卑、敏感、怯懦，还容易不安与愤怒，甚至有暴力倾向，孩子的心理问题检出率为32%。长此以往，还将导致脑细胞功能减退，出现反应迟钝、记忆力衰退等现象。

父母吵架会伤害孩子的身心健康，这是人尽皆知的事实。但对孩子的大脑会有哪些影响，相信大多数父母并不了解。

海马体是我们熟知的一个脑区域，这是大脑中负责控制情感和记忆的部分，储存着组成积极或消极记忆的感觉及情感信息。当海马体受到外界的刺激时，就会留下记忆中情感冲动的痕迹，无论这种痕迹是积极的还是消极的。如果和恐惧、焦虑相关的情感行为持续刺激海马体，过度活动的记忆会不自觉地涌现相关的情境和内容，进而带来持久的恐惧和因焦虑而产生的行为变化。

前面我们曾提及大脑的潜意识，负面的记忆或许有朝一日可以被隐藏，即较深的沟回会不断生成新的记忆，然后将储存在旧皮质的记忆覆盖，导致人们无法回忆起来。但是记忆不会彻底抹去，而是变成潜意识。一旦潜意识负面消极，孩子看待人和事的视角就会变得扭曲，性格变得偏激。

父母是孩子安全感的来源，家庭中大人之间的感情是否稳固，这是孩子最重视的事情，也是他们判断家庭环境是否安全的依据。大脑是一个对外界环境很敏感的组织，在一个安全放心的环境中，大脑受到的刺激是愉悦的，这可以增加大脑血液供应，促进神经发育，塑造一颗聪明的大脑。

第一代家庭治疗师萨提亚曾说："父母恩爱的家庭，就像一个温暖的巢，给孩子足够的安全感。"一份和谐亲密的家庭关系，这是我们给孩子的最好礼物。

夫妻之间不可能没有摩擦，要做到一次都不吵架不太现实，但也要能够做到"正确的吵架"，既照顾好孩子的情绪和感受，又能让孩子学到解决问题的手段，这会让孩子的大脑发育得更完善，将来的成长之路更平坦，这才是最重要的。

什么是"正确的吵架"？就是不要带着情绪去处理问题，而是本着解决问题的态度，采用理性、温和、尊重对方的语言方式进行交流，这是父母解决矛盾时对孩子伤害最小的选择。如果一时没控制住情绪，也要及时采取补救措施。一方做错了要勇于承担错误，和好也要在孩子面前展现出来。

电影《怦然心动》里朱莉父母的做法，我深表赞同。

朱莉父母因为一件事情发生分歧，当他们争执不下的时候，恰好被朱莉碰到。这是朱莉第一次看到父母争吵，她大哭起来。父亲立即停止争吵，告诉朱莉："对不起，这不是你的错，我们只是遇到了一些问题需要解决。"并十分认真地向女儿保证："我们会想办法解决的，我向你保证。"

晚上，朱莉父母停下两人是非对错的争执，来到朱莉的房间和她道歉，并坦诚地告诉她，没有两个人能够在所有的事情上意见一致，争吵只是因为没有控制好情绪，这是大人们的不对，希望你可以原谅和理解。"重要的是，我们之间的情感没有因为这次争吵而消减，爸爸妈妈都爱你……"

朱莉父母处理争吵的方式堪称经典，争吵会给孩子带来心理伤害，但如果能及时让孩子感受到父母之间、亲子之间实实在在的爱，那么争吵分歧带来的负面影响就会消融。当前，许多父母的问题是，习惯表达分歧和冲突，而不善于表达爱、理解和欣赏，这会对孩子造成持久的不良影响。

03/ 小心，家庭压力正在摧毁孩子的大脑

每个父母都希望自己的孩子出色，将来成为别人学习和羡慕的楷模。这种期望原本没有错，但前提是要考虑孩子的实际情况。如果对孩子的期望超出了孩子的能力，给孩子造成过大的心理压力，所产生的各种副作用是相当可怕的。尤

其是对大脑而言，结构和功能都会发生改变，甚至被摧毁。

提起"压力"这个词儿，我们很多人都不陌生。压力看不见、摸不到，是被大脑所感知的一种抽象的"特殊感觉"。这种感觉是如何产生的？又对孩子的大脑做了什么？

从脑科学角度来讲，压力是由下丘脑（脑内的一个中空漏斗状区域）—垂体（下丘脑下部的一个豌豆状结构）—肾上腺皮质轴（肾脏上部的一个小圆锥状器官）的连锁反应产生的，这是人体快速反应所必需的神经内分泌负反馈调节系统。当面对紧急情况时，下丘脑—垂体—肾上腺皮质轴会立即被活跃，并释放出应激激素，如肾上腺素和类固醇皮质激素，使身体迅速做出反应。

适当的压力能够刺激下丘脑—垂体—肾上腺皮质轴组织，有利于大脑更好地运转，提高理解力和记忆力等。但如果长期处于压力的困扰之中，就会使大脑不堪重负，神经细胞的突触减少，某些重要的神经连接遭受破坏，导致神经细胞死亡，这样大脑记忆中心海马区就会萎缩，最终损害记忆。

"孩子，你可是父母所有的寄托和希望！"

"我们这么辛苦都是为了你，你一定要好好学习，争取考上重点大学。"

……

相信很多孩子，对这些话都毫不陌生，同时也无比恐惧。

教育界专门针对中小学生进行过一次心理调查，结果表明87%的学生感到学习困难的原因，不是智商与学习能力，而是压力。在家长的高期望值下，孩子们会出现厌学、考试焦虑、丧失自信、自我形象贬低、胆怯畏难等表现。这就是为什么有的父母为孩子大投入，却收效甚微的原因。

我还曾听朋友讲过这样一个故事：

一对夫妇以卖水果为生，每天早出晚归，日子很是艰辛，他们把所有的希望都寄托在女儿身上，希望女儿将来能够出人头地。他们是这样想的，也是这样做的。给女儿报各种补习班，买各种课后练习题。女孩知道父母每天都很辛苦，她比其他同学都要懂事、勤奋。上课认真听讲，按时完成作业，每天做各种习题，不到夜里11点绝不睡觉，没有时间玩耍，也没有别的娱乐活动。

进入高中以后，父母对女儿的期望越来越高，要求她每次考试都不能低于前三名，成绩稍微有些下降，他们就如临大敌。女孩承受的压力越来越大，为了达成父母的期望，只有更加努力地学习，每天睡觉的时间只有几个小时，结果精神紧张，注意力不集中，记忆力下降，导致高考不理想。

当初听到这个故事时，我的内心久久不能平静。同为人

父，我可以理解这对夫妇对女儿的深深期望。但对孩子的期望值并非越高越好，把所有希望都压在一个孩子身上，孩子稚嫩的大脑能承受得起吗？在过多的压力下，他势必会如挂满衣服的小树，只能歪歪扭扭地成长，甚至早早"夭折"。

回想一下，当你感觉压力大的时候，是不是也很难集中注意力，记忆力明显变差？思绪就像一团乱麻，剪不断，理还乱，甚至"脑子一片空白"？这就是压力在"搞鬼"。

这并不难理解，压力的应激反应会让我们的大脑进入战斗或逃跑的反应机制，这个机制只有在我们受到严重威胁时才会打开。假如我们频繁地按这个"开关"，会有什么后果呢？周而复始地被这么折磨，累坏大脑是迟早的事。结果就是不能清晰有效地思考，不能理智地做出决定。

法国诗人海涅说过这样一句话："即使种下的是龙种，收获的也可能是跳蚤。"这句话非常有道理，尤其值得那些急于求成的父母深思。

孩子的大脑稚嫩且还在发育中，是不适合承受太大太重压力的。所以，对孩子的培养和教育不要急功近利，更不要不断向孩子施压，给孩子一些时间和自由，给予正面的鼓励和支持，让大脑有一个宽松、愉悦的环境。这样，大脑的下丘脑—垂体—肾上腺皮质轴组织才能更好地运转，从而提升记忆力、注意力等认知功能。如此，孩子才能变得越来越优秀，或许还会超出父母的预期。

04/ 从大脑的奖励机制入手，将会事半功倍

什么最容易让孩子不断地进步？又是什么能让一个叛逆的"熊孩子"变得听话？

在我认为，最好的答案莫过于——赞美和奖励。

TED演讲中的《每个孩子都是冠军》，在全世界范围内广为流传。演讲者丽塔·皮尔斯是一位有着40年教龄的教师，她曾带过一个特别差的班级，班上的同学成绩极差，经常不及格，上课还调皮捣蛋。为了测试大家的成绩，丽塔·皮尔斯做了一份试卷，一共20道题，有位学生竟然错了18道。

如果你是老师，你会怎么做？丽塔·皮尔斯在这个学生的试卷上写了个"+2"，还在旁边画了一个笑脸。为什么要在卷子上画个笑脸？学生很不解地追问，丽塔·皮尔斯微笑着回答道："因为你做对了2道题，这证明你好好学习了。"学生的眼睛亮了，当即保证自己下次一定会考得

更好。

一共20道题，错了18道题，这是一个令人沮丧的打击。然而，丽塔·皮尔斯通过做对的2道题看到学生的可取之处，令人心生希望。

在教育孩子这件事上，赞美和奖励往往比说教、批评更有效果。在这一现象的背后，是大脑的奖励机制在起作用。

大脑的奖励机制是一种正性的强化效应，来自外界的"奖赏"信号，会对大脑中脑边缘的多巴胺形成刺激。所谓多巴胺，是脑部分泌的一种传递欣快和兴奋情绪有关的神经递质，当一个事物引发自我的兴奋感和愉快感时，多巴胺就会开始变得活跃起来，令大脑产生欣快感和陶醉感。

从生物学的角度看，享乐是生命的本能，大脑也不例外。对于痛苦感和劳累感，大脑会主动排斥，而对于幸福感和快乐感，大脑则会及时选择。在多巴胺的连续刺激下，大脑会产生一系列强烈而短暂的刺激峰值，进而提高许多高水平的认知功能，如记忆、意志、思维、动机等各个方面。

好孩子都是夸出来的，然而绝大多数的父母却做不到这一点，他们总是吝啬赞扬和夸奖自己的孩子，还时常摆出一副严厉的面孔，只要发现孩子的缺点，就会毫不留情地指出来。即便孩子做得非常优秀，也不愿意把赞美的话说出口，因为担心赞美会让孩子产生骄傲情绪，会阻止孩子的进步。

这是多么可笑的想法！孩子做出了成绩，父母不能及时给予赞美；而孩子做错了事情，父母却立马责备批评。这样一来，孩子的大脑对外界将会出现种种排斥，又怎么可能有努力做好的热情和信心？

明白了大脑的奖励机制，身为父母，我们就应该把赞美当作一种行为习惯。时常给予孩子肯定和鼓励，有进步就奖励，有成绩就表扬，哪怕只是一个满意的点头或者一次真诚的鼓掌。孩子大脑的可塑性是最强的，特别是来自父母的评价和态度，会对他们的大脑造成强烈而持久的刺激。

有些父母发现，明明自己时常给孩子奖励，但效果却并不明显。当孩子刚刚获得奖励的时候，会表现得非常好，进步比较大。可是过了一段时间后，奖励的效果似乎就不太理想了。孩子在获得了奖励之后，依然没有进步和改善。这究竟是为什么呢？这是因为你尚未找对奖励的方法。

奖励不应该过于泛泛，而要就事论事，明确值得奖励的地方，而且要还原细节。例如，当孩子经过努力做出了成绩，与其夸赞孩子努力，不如说："你每天都在背单词，积累了一定的词汇量，这次成绩提高了不少。"使用明确的表达方式，信息表达得越明确，神经网络的传输越精准。

一位教育心理学家说："习惯性地苛责孩子达不到想要的成效，因为一个在苛责中成长的孩子，会潜意识地认为无论做什么都得不到认可，长此下去，孩子就会失去进步的愿望，变得消极而怪僻。如果父母鼓励孩子始终以积极的心态面对学习和生活，那么孩子所取得的成绩将是不可估量的。"

现在，请你在1分钟内列出孩子的10个优点，你能做到吗？

事实上，很多细节和小事中都可以发现孩子的优点，例如孩子做事很认真，只要父母交代给他的任务，他就可以认真地完成；孩子很勇敢坚强，即便是受了伤也不哭鼻子；孩子非常关心父母，在妈妈累的时候，主动给妈妈揉肩捏背……

每个孩子都有闪光的一面，站在不同的角度去审视，只要我们愿意把赞美的话说出口，不断强化大脑的奖赏机制，每个孩子都会是"冠军"。

05/ 青春期充满可怕的"暴风雨"？

青春期，是一个让父母们头疼的阶段，孩子的情绪和心理常常让人摸不着头脑。比如，他们开始喜欢和父母对着干，没有小时候那样乖巧听话；他们容易兴奋、激动，也容易生气和失落，情绪复杂而多变……很多家庭进入一个互相之间不了解、不明白、不交流的阶段，频频引发亲子冲突。

曾经的小天使为什么变成了"小恶魔"？

以前可以哄娃的招数为什么突然失灵？

……

青少年情绪、行为和心理的变化，以及众多的不解背后，其实是大脑发育的一个外显的必然过程。青春期是大脑的一段独一无二的发展阶段，表现出深刻的优势和劣势，使得青春期如此与众不同。

那么，青春期的大脑究竟发生了什么样的变化？

青春期是儿童逐渐发育成为成年人的过渡时期，年龄在12岁至18岁之间。这一时期虽然孩子的脑容量、脑回及重量均与成人一样，但大脑中的抑制区域却远远不如成人成熟，这个抑制区域就是内侧前额叶。内侧前额叶是情绪认知过程中的调控机制，这使得我们的行为不完全被原始情绪所控制。

内侧前额叶皮层是个体发育中最晚成熟的结构，现在已经确知，前额叶皮层到25岁左右才能完全发育成熟，达到成年人水平。由于大脑系统的激活和成熟之间有这样一个时间差，青春期的孩子就像一辆开灵活而刹车迟钝的车，他们很容易因外界的刺激而表现得兴奋，却又难以自主地停下来。

　　看到这里，有些父母可能要问了，既然青春期的言行和大脑有关，是一种大脑发育的不平衡状态，那么面对青春期的孩子，我们是不是就没有改变的方法？不，这一时期大脑的皮质层异常活跃，对外界刺激的敏感度之高超乎想象，并且具有很强的可塑性，堪称塑造大脑的第二大契机。

　　这一发现令人喜忧参半，毕竟可塑性可能变得更好，也可能变得更坏。这也给我们提出一个较高的要求，同保护幼儿期的孩子大脑发育一样，我们也要尽量为青春期的孩子营造一个好的环境，少一些指责及批评，多一分理解及关怀，让他们多些正面、积极的体验，朝着积极的方向发展。

　　有一对母女总是激烈争吵，妈妈曾向我诉苦，说青春期的女儿敏感又易激动，其情绪就像随处埋着的地雷，一不小心就原地爆炸。让她10点之前睡觉，她能列举出11条不需要10点之前上床睡觉的理由，而且在争论的同时还时不时地戳穿妈妈语言上的漏洞，把妈妈气得快背过气了。

　　"我真希望女儿早些学会情绪管理，不再顶嘴。"妈妈说。

　　我很理解这位妈妈的难处，但也不得不告诉她，这一愿望太理想化了，孩子的大脑需要几年的进化才能和成年一样，一个40多岁的人要求十几岁的孩子先住口是不符合生理规律的。而且，一个成人都做不到将自己的情绪收放自如，更何况是孩子，你的暴跳如雷只会激起她的波涛汹涌。

为了有效帮助这位妈妈，我提供了一个方法——情绪ABC理论。

情绪ABC理论很容易理解，通常我们会认为一个事件A的发生，导致了情绪和行为后果C，发生了什么事就会引起什么情绪体验。但同一个事件A，为什么会引起不同的结果C？相同的A发生在不同的人身上，导致的C却不同，是什么原因？很多时候，我们忽略了A和C中间还有B这一环节，B是对事件A的看法和解释，它直接导致个体对激发事件A的情绪和反应方式。

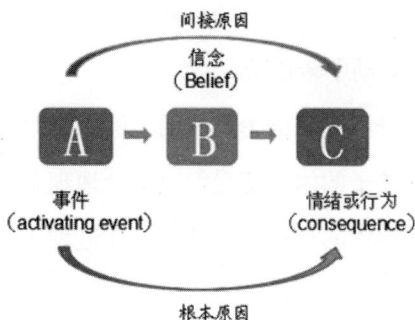

图4-2 情绪ABC理论

这种现象并不少见，比如同样考研，结果两个人都没过。一个人不以为然，而另一个人却郁郁寡欢。为什么同样的A带来的C大相径庭？就在于两人对考研的看法不同，一个人可能认为：这次考试只是试一试，考不过也没关系；一个人可能觉得这是背水一战，考研是唯一的出路。

运用情绪ABC理论，当我们试着理解青春期孩子的种种行为，能够进行多角度、多方面、多因素的思考，也就是把B替换掉，改变往往就悄然发生了。

比如，我对这位苦恼的妈妈说："你的女儿在与成年人的辩论中表现得这么精彩，证明她在逻辑思维和语言能力方面发展得非常棒。适当地放松心态，把今天的斗嘴，当作孕育灵活思维的摇篮，也未尝不可。"

这并非我信口雌黄，正如我们刚刚所讲，青春期是大脑成长的重要时期，具有极强的可塑性，这就意味着孩子是可以在与父母的互动中转化的。

青春期是身心变化最为迅速明显的一个时期，认真地倾听孩子，关注孩子的内心感受。设身处地理解孩子所处的情境，给予孩子深深的理解和共情……在这种正面信息的刺激下，前额叶皮层会发育得更快、更好，促使孩子更快地学会管理自己的行为、情感和思考，无疑这是一个良性循环。

相反，一旦可塑性的"窗户"关闭，问题可能就永远停留在这里了。

第五章
为了"最强大脑",
和孩子一起"游戏人生"

　　玩游戏是儿童的天性，也是最佳的教育。引导孩子体验操作的快乐，积极给予回应性互动，不仅能激发孩子的大脑发育，还能让他们在玩中学、学中玩，真正成为游戏的主人！

脑知识

贪玩会把脑子玩坏? 是你想太多了

孩子爱玩怎么办? 这是当下不少家长的担忧和痛点。

俗话说"业精于勤,荒于嬉",在我们的传统认知中,孩子只有努力学习成绩才会好,爱玩往往代表了没有上进心,学习也不努力,势必会耽误孩子大脑的发育和学业的发展。一旦孩子玩了但学习不好,就认定是贪玩的问题。"玩,玩,玩,每天就知道玩!"这句话,你是不是对孩子说了无数遍?

爱玩就一定会荒废学业吗? 贪玩会把脑子玩坏吗? 是你想太多了。玩和学并不是对立关系,而是相辅相成的。在科学史上,有许多伟大的发现正是在玩耍中产生的。比如,达尔文从小喜欢在野外跑来跑去,四处收集花草和昆虫标本;

爱因斯坦对积木十分着迷，经常一玩就是几个小时……

玩，到底有什么用？对孩子来说，玩耍在成长过程中究竟起着什么作用？在更深入地展开探讨之前，我认为有必要从游戏的本质来解释这个问题：虽然游戏的种类五花八门，但它们都有不可否认的共同特征——这就是"交互性"，即手和脑的联动。

手与脑的关系非常密切，现代脑科学发现，大脑半球对身体是交叉控制的，也就是说我们的左手对应的是大脑右半球，右手对应的是大脑左半球。同时，各个手指和大脑皮层的分区亦有很强的对应关系，即大拇指—前额叶，食指—后额叶，中指—顶叶，无名指—颞叶，小指—枕叶。

正是由于手脑的这种"交互性"，玩游戏的过程可以带给大脑十分丰富、全面、强烈的刺激，从而改变神经回路的联结。一项实验数据显示，仅仅半小时的游戏，就能使大脑中约1/3的新皮层发生显著改变，进而可以提高人的智力和灵活性，以及手眼协调功能、深度知觉和记忆能力。

何况，游戏的本质是一种"模拟"，是对现实世界的认知和再构。

我们常说爱玩是孩子的天性，之所以称为天性，是因为孩子从出生那一刻起，就开始在玩耍中通过眼看、耳听、鼻闻、口尝、手摸等来发展自己的视觉、听觉、嗅觉、味觉和触觉等，分辨和了解各类事物的不同特性。在认识世界的过程中，没有其他活动能比玩耍中获得的感知更深刻。

长时间玩游戏，沉迷于游戏世界，肯定对孩子有不好影响。但视游戏为洪水猛兽，连碰都不让孩子碰，也是会出大问题的。这等于割裂了他们对世界的探索。孩子的智慧、创造力、情感等，是在认知、体验世界的过程中逐渐建立的。当孩子与世界割裂开来，神经功能得不到良好刺激，大脑功能得不到充分开发，最终会导致认知方面的不足，这种现象在上小学以后表现得更为明显，如注意力不集中，坐不住；小动作多，大动作笨拙，平衡能力不佳；缺乏创造性和想象力等。

在未来，孩子们即将面对全新的人工智能时代。想要在与机器人的竞争中不被打败，唯有靠大脑思维和智慧。在未来，拥有健全的人格和心智、强大的学习能力和动手能力、独特的创造力和想象力的孩子，才能成为真正有竞争力的人才。如果像机器一样思考，那么问题就会接踵而至。

玩到底有什么用？这个问题不要问孩子，而应该多问问自己：你希望自己的孩子将来成为怎样的人才，具备什么样的关键能力？

01/ 为什么全世界的孩子都喜欢做游戏

将一团彩泥反反复复揉捏几十遍，一次次把刚垒高的积木推倒重来；

把自己的玩具当作手机，放在耳边一本正经地假装打电话；

喜欢模仿动画中的角色，比如奥特曼打怪兽发动激光时的动作；

……

全世界的孩子都喜欢玩这些游戏，几乎所有大人在童年时也不例外。回想一下，这种类似的游戏你小时候是不是也玩过？游戏到底隐藏着什么秘密，能让一代又一代的孩子沉迷其中，并乐此不疲呢？

这就需要了解儿童的认知发展规律，所谓认知发展指的是个体自出生后在适应环境的活动中，对事物的认知及面对问题情境时的思维方式与能力表现，而它的规律性就在于会随着年龄的增长呈现出阶段性的发展特征。但年龄只是表象，更准确地说，认知发展是由大脑发育规律决定的。

一提到认知发展,首先就要介绍一个人:让·皮亚杰。皮亚杰是迄今为止儿童心理发展史上最具影响力的心理学家,他提出的认知发展理论被公认为20世纪发展心理学上最权威的理论。皮亚杰将儿童认知发展划分为四个阶段:感知运动阶段(0—2岁)、前运算阶段(2—7岁)、具体运算阶段(7—12岁)和形式运算阶段(12—15岁),所有儿童都遵循这样的发展,并表现出不同的阶段特征。

那么,认知发展与游戏、大脑之间有什么关系呢?现在我们就来一一揭晓。

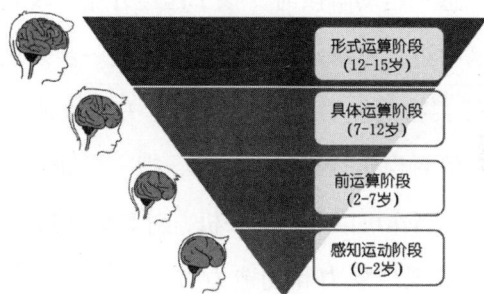

图5-1 皮亚杰认知发展的四个阶段

感知运动阶段(0—2岁)

处于感知运动阶段时,孩子主要是通过感觉和知觉动作来感知外部环境的。为什么孩子会乐此不疲地玩些无聊的游戏？因为这种活动往往具有很强的重复性，而重复正是大脑学习新的知识技能的必要途径。游戏会刺激大脑神经元的活跃，重复足够多次，大脑就会形成相应的"回路"。

由此可见，游戏就是大脑的学习过程——一种神经训练。在感知运动阶段中，孩子对于物体的操作建立在实物基础上，正是通过捏彩泥、垒积木等练习性游戏，他们和外界环境逐步建立起各种各样的联系，大脑才得以建立起越来越多、越来越丰富的神经联系，一步步提高了认知水平。

前运算阶段（2—7岁）

当处于感知运动阶段时，孩子已经开始出现自我意识，可以在头脑中进行思维加工，认知能力进一步发展，拥有了用符号代替实物的能力，开始越来越关注象征类游戏。比如，把一个信封当作爸爸的手提箱，把一根绳子当成水管，把自己的玩具当作可以通话的手机，对着玩具自言自语等。

当大脑出现想象力和创造力时，就代表儿童从感觉运动阶段进入前运算阶段。这一阶段孩子的大脑发育不完善，处理能力有限，他们习惯以"自我"进行思考，用符号代表现实世界的事物，这对他们来说是一种有趣的体验，不断通过游戏的方式体验新知识、感知自我，也是他们难以拒绝的诱惑。

随着大脑的逐渐发育，这种象征游戏会渐渐脱离实物和表象的支持。比如,很多孩子一开始玩假装打电话的游戏时,手里必须要用个假手机或者其他物品来代替手机,才能完成这个游戏。但后期再假装打电话时,他们就完全可以不借助任何东西,只做出一个打电话的动作就可以完成游戏。

事实上,直到成年我们依然热衷于这种象征类游戏,只不过成人已经具备了成熟的抽象思维能力,游戏不需要外化,在自己的大脑中就可以加工完成。比如当参加演讲或者面试时,你是不是会在脑中假想具体的场景,提前设想过程中可能会出现的各种状况,然后提醒自己如何去应对?

具体运算阶段(7—12岁)

7—12岁的儿童往往已经跨越了自我为中心的思维,可以加工和分析已有的表象和符号,从而得出符合逻辑的结论。这是一种认知运算能力和认知操作能力,其根本原因是大脑的进一步发育,处理信息的能力增强,为孩子多角度的思维提供了可能,从而引起了其他思维方式的变化。

此时孩子进入学龄阶段,有了学业压力,但依然爱玩游戏。留心观察会发现,他们现在玩的游戏比以前有了显著不同,比如他们热衷于用各种积木、拼棒、拼图、金属、沙水雪石等作为游戏材料,进行各种建筑和构造活动,并通过对结构材料的亲自操作创造性地反映大脑的所思所想。

形式运算阶段（12—15岁）

在形式运算阶段，孩子的大脑已经发育得跟成人相差无几了。此时，他们的思维不再局限于可观察到的事物，也不再受具体内容的束缚，而是开始从抽象的概念出发进行思维加工，比如，想象未来是什么样子，能实现个人什么梦想，其概括、判断、比较、分析、推理等能力也有了显著发展。

相对应的，此阶段的儿童开始热衷推理、解谜、科学实验等游戏，而且游戏往往以规则性和竞争性为中心，比如足球游戏指派人员到指定位置，不同的队伍通过进球数量决定胜负。

认知发展理论认为，儿童的认知发展遵循感知运动——前运算——具体运算——形式运算四个阶段，这是一个不可逆的过程，前后顺序是不变的。游戏从来都不是一种独立的活动，而是大脑为了尽快成长而发展出来的一种主动适应环境的能力。很显然，游戏是大脑做出的主动选择。

由此，游戏也挑起了开发大脑潜能的重任。

02/ 当游戏有了设计，变聪明不难

玩是儿童探索世界的重要途径，是可以有效促进大脑开发的。

　　一个疑问也随即产生：是不是只要多玩就能训练大脑？

　　当然不是，大脑的训练并不简单。大脑的训练和肌肉训练差不多，漫无目的绝对是不行的，必须要有一定的针对性。比如，你一直锻炼的是上肢力量，腿部肌肉一般不可能变得有型。大脑的训练也是，不同的游戏能适量训练手眼协调能力、推理能力、判断力，绝对不可笼统的一概而论。

　　尤其是在谈论游戏对大脑的正面影响时，我们也不可忽略游戏中的一些负面影响。比如，一些青少年沉溺于暴力的电子游戏中。研究显示，在暴力情景下，大脑会演化出符合角色的侵略性，建立特定的神经回路来执行和控制攻击性行为，进而压制并降低高级认知处理区域的灵敏度。

　　因此，我所强调的游戏不是漫无目的、只是为了开心有趣的玩，而是一种有设计、有规则、有目的的游戏。

　　比如，益智类游戏。俄罗斯方块是一款家喻户晓、老少皆宜的益智游戏，规则非常简单，玩家通过调整从屏幕上方下落的板块位置和方向，使它们在屏幕底部拼出完整的一条或几条。这种游戏可以让额叶区域有更好的突触连接，即大脑在认知思考的能力会更强，进而有效提高视觉空间的能力。

　　比如，三维动作游戏。超级马里奥是通过上下左右方向键来控制人物行动的一款动作游戏，通过眼睛、手部的协调操作，可以使大脑内的海马体、背外侧前额叶、小脑区域细胞区域变得更加活跃。而这些区域和认知能力、注意集中力、记忆能力，以及存储记忆用于解决问题的能力息息相关。

看到这里你是否已经明白，其实最重要的不是玩不玩游戏，而是大脑在游戏中有没有得到有效的锻炼。不同类型的游戏能刺激不同区域大脑的发育，由此可见，重要的不是要不要玩，而是会不会玩。对于孩子而言，运用科学的方法锻炼大脑尤为重要，而且越早越好，在游戏中亦是同理。

孩子的玩通常没有差别，但父母提供的环境却可以大有不同。在给孩子提供玩耍空间时，作为父母，首先要帮助孩子学会识别正向积极和有益的游戏，远离具有风险的游戏。考虑到孩子活泼好动、好奇心强的年龄特点和心理特点，我们还可以给孩子提供一些操作性强、简单易学的工具材料。

比如，积木虽然操作起来简单，却有着无穷的组合和变化的可能，可以让孩子充分发挥想象力；一盒五颜六色的橡皮泥，在孩子的小手下搓、捏，可以变成千姿百态的小人和小动物，这对于孩子的创造力培养是极有益的；再比如，用蛋壳制作人头像或用泡沫雕刻一些形状简单的东西。

当然，游戏的创设还要考虑孩子的喜好，与孩子的发育水平相匹配,最大限度地支持孩子投入到建设性游戏活动中。

经常听到有家长抱怨:"我家的孩子特别淘气,玩具都不好好玩……"

孩子爱玩游戏,这是天性。为什么自己家的孩子不能投入到游戏中好好玩呢?与其说是孩子"淘气调皮",不如说是"无聊"更恰当。当孩子出现调皮捣乱行为时,背后往往是更深层次的心理需求没有得到满足——孩子不是不想好好玩,而是我们没有提供适合他水平的材料和活动。

年龄越小的孩子,大脑的认知和思维能力越有限,在游戏中越需要成人的陪伴和互动,才能有效地投入其中。因此爸爸妈妈要注意观察孩子的表现,及时询问孩子的感受,一起探讨、制定更适合他这个年龄的规则,引导孩子如何正确地使用工具,在得到答案以后如何把背后的原理弄懂。

当孩子对已知玩法开始失去兴趣时,适时引入一些更复杂高级的游戏方式,引导孩子以更多不同的方式探索同一个玩具。比如,给人偶创建各种不同场景,引导孩子操作不同的动作,像导演一样编写故事,让孩子的思维更加抽象广阔。

总之,玩游戏要具体情况具体分析,原则上由孩子主导,跟着孩子的兴趣走。如此,才能抓住寓教于乐的机会,实现手和脑的真正联动，让孩子玩有所得、玩有所获。

03/ 学习与游戏从来就没有"楚河汉界"

常有家长抱怨自己的孩子对学习没有一点兴趣，努力用了很多方法引导都效果甚微。但是只要一提到玩他就来了兴致，根本不用教就能玩得很溜，甚至往往比成年人还厉害。很多家长不明白，为什么孩子会对游戏着迷呢？答案很简单，兴趣是最好的老师，孩子们觉得玩游戏很有趣。

学习本是大脑的一种本能，在孩子心中，一切都是学习，一切都是游戏。为什么他们会对学习丧失兴趣，甚至把学习当成痛苦的事？很大原因在于我们成人把学习当成了正事。你要好好学习，长大了如何如何。没有找到学习的快乐，学习就是一件差使，就是一项任务，很枯燥，很乏味。

明白了这个道理，我们就找到了让孩子爱上学习的"灵丹妙药"，就是"学习游戏化"。所谓"学习游戏化"，就是将游戏导入到孩子的学习中，把所有的知识都变成一种游戏，把所有的考核都变成游戏里的比拼。当教育和学习变得像做游戏一样有趣，那学习之旅也可以是很愉悦的。

对于儿童而言，记忆抽象、枯燥的拼音、汉字和诗词是非常没有乐趣的,而且单纯地背诵也不会留下深刻持久的印象。此时,我们不妨把拼音、汉字和诗词写下来,做成一张张汉字卡片。利用"找朋友"的游戏,为孩子创设轻松愉快、生动活泼的学习氛围,从而激发孩子的学习兴趣。

比如,记忆"移舟泊烟渚,日暮客愁新""孤帆远影碧空尽,唯见长江天际流""水光潋滟晴方好,山色空蒙雨亦奇"等诗词时,可以把这些诗词的前、后两句写在不同的卡片上,让孩子一边唱"找朋友"的儿歌,一边帮诗词卡片"找朋友",找到"朋友"后把相应的诗词卡片放在一起。

再比如,数学是枯燥的、深奥的、抽象的,这是不争的事实。除了某些特别有天赋的孩子之外,一般孩子对数学都会犯怵。教孩子算术的时候,不妨适当搭建场景,编写故事。"妈妈给小兔子买了一袋糖,你数数有多少颗?""共有12颗糖,小兔子给了小猪3颗,给了小猫5颗,它还有几颗?"

从简单的数数,到加减乘除运算,再到认识几何概念等,借助简易、有趣又好玩的故事形式解释数学概念,活化数学现象,让数学知识变得直观、形象。这样不仅可以培养起孩子的学习兴趣,而且还能锻炼孩子的数学计算能力、抽象推理能力等,孩子轻轻松松就能进入有趣的数学世界。

当然,游戏并不只是简单的有趣,背后还有着大脑深层的原理——一种明确的目标——行为循环机制。我们也只有搞清楚这一机制，才能引导孩子真正地对学习着迷。

什么是目标——行为循环机制？如果我们把一款游戏完全拆解开来，就会发现游戏其实就是遇到障碍——付出努力——获得反馈——解决障碍的过程。这个过程可能是执行一项任务、完成一个关卡，也可能是打一个怪兽。通过努力克服障碍达到一个更好的等级，或者拿到一个更好的勋章，或者消灭更强大的敌人，从而激活大脑"我真厉害"的奖赏回路，这就是一个目标——行为循环。

正是大脑"我真厉害"的奖赏回路，让孩子们对游戏乐此不疲，甚至通宵熬夜为的就是打倒一个大怪兽，提升一两个等级。

这才是游戏吸引人的核心所在，儿童的大脑发育尚不完善，注意力的时间不持久，现实中很多的学习或者行为，如果只是单纯的有趣，过程中无法形成明确的目标—行为循环，基本上很难激活"我真厉害"的奖赏回路，这样就不能够形成一个强大的"钩子"，把孩子的注意力牢牢勾住。

目标——行为循环机制的道理明白了，做起来并不难。把这个原理设计到整个教学过程当中，就是在孩子实现学习目标的过程中，家长一定要细心观察，及时给予充足的反馈，例如对孩子平时的表现，及时记录并打分，让孩子见证自己实现学习目标的过程;当孩子完成一定的学习目标或者取得进步时,让孩子去玩一次自己想玩的东西,送给孩子一个他一直心仪的小礼物等。

目标——行为循环机制运用得好,学习就如同升级打怪兽一样能即时反馈和奖励,既有挑战性,又有娱乐性,那孩子会不会爱上学习呢?答案是肯定的。

学习与游戏从来就没有"楚河汉界",不过,这一机制的有效性取决于能否实实在在地满足孩子。以游戏之名,在设立"奖赏"计划时,不如让孩子参与进来,你可以问问孩子:"有什么办法能让你放学立刻写作业?""这次考试假如你能考到前三名,如果给你奖励,你希望是什么?"

对孩子进行"奖赏"时,要肯定孩子的努力,使孩子认识到:关键不是这件东西有多贵重、多稀有,也不是你付出什么,我等价付你报酬,而是"你最近的表现让我惊讶,竟然做得这么好,这值得给一次奖励""你的自制力提高了,能经受住诱惑认真学,我们都以你为荣"的行动表示。

使孩子认识到奖赏的意义,而不是感受来自外部的控制,更能激发大脑的奖赏回路,从而使学习变得富有"意义"。而孩子内心自发的学习动机,正是最持久有效的前进动力。

04/ 99%的孩子不知如何搭建"记忆宫殿"

记忆力不佳,这是令很多孩子感到困扰的问题,比如有些孩子每天按时完成各项作业,做完作业后又找大量资料做拓宽练习,学得很卖力也很吃力,可是学习效果就是不高,要么丢三落四,要么张冠李戴,怎一个"乱"字了得。结果是,学习起来越发感到吃力,进而对学习产生反感情绪。

在这里,为什么我将记忆和学习进行联系?因为,学习是神经系统建立联系、获得经验的过程,记忆则是经验的印记、认知与回记。记忆是大脑的重要功能之一,也是获取知识的主要手段。拥有强大的记忆力能为学习提供最大化的帮助,没有好的记忆力辅助,学习就如同失去了左膀右臂。

不要总说自己记忆力不好,怎么也记不住东西,这是一个天大的错觉!

大脑的记忆能力是非常强的,据科学家研究,一个正常人脑的记忆容量相当于5亿本书的知识总量,一个人一生能储存1000万亿个信息单位。事实上,大脑每时每刻都在应付着所接触到的大量信息,而且几乎可以称得上是过目不忘的,否则我们根本无法回忆出一天之内所发生的事情。

这说明,记忆力并不像我们所认为的那样糟糕。然而,为什么在学习的时候,记忆力又不是那么好了呢?这是因为,记忆力本质上是一种图像的记忆,而学习中的知识大多是抽象的概念或符号,图像感不强,如果采用强记硬背的方式,就算将这些知识一字不漏地记忆下来也没有多大的实际意义。

从这个角度来说,我们不必急于去提高孩子的记忆能力,只需引导他们改变记忆习惯,将原有的图像记忆能力释放出来,记忆效率就会得到大幅度提高。

在这里,我强烈推荐搭建"记忆宫殿"法。什么是记忆宫殿?简单来说,记忆宫殿就是把要记忆的信息存放到自己熟悉的、有顺序的、特定空间的特定位置上。

这听上去有些深奥难懂,实际上却是一种心智游戏,是通过积极调用大脑的逻辑、联想与视觉功能,以达到持久记忆的效果。

那么,如何搭建自己的"记忆宫殿"呢?遵循以下步骤即可。

图5-2 如何搭建"记忆宫殿"

第一步：寻找"地点"。

你的"记忆宫殿"想要建在什么地方？选好位置，这个地点可以大到城市，也可以小到书房，只要是自己熟悉的地方就可以。比如，选择自己的房间，因为我们对自己的房间最熟悉，大大小小的物件放在什么地方都比较清晰，便于在大脑里进行加工。当然空间越大，能存放的信息就越多。

检查一下脑海中的图像，全面而详细地想象"记忆宫殿"有什么特征，包括大小、颜色、明显特征物等。比如，当把自己的房间作为记忆宫殿时，那么房门就可以作为第一标志物。系统地分解你的房间，进入房间，可以通过由近及远，或者由左及右的顺利，选择下一个标志物是什么。或许是墙上的一幅画，也或许是桌子上的一本书，它们每个都将会是稍后储存信息的"记忆插口"。

第二步:规划"路线"。

现实中我们要去某个陌生地方时,首先会提前规划一个大体路线,思维中也是这样,尤其是需要按照某种特定顺序进行记忆时,也要在"记忆宫殿"中设计一条自己熟悉的路线,你得知道在里面怎么"行走"。比如,从门口到鞋柜再到沙发,又或者从床上到书桌再到衣柜,这样才不会中途"迷路"。

这不是一个静止的图画,而是一副移动的场景。通过这样有次序的"巡视",我们就可以清楚地记住"宫殿"内部的构造,对"宫殿"的视觉化越是真实细致,接下来的记忆效力越高,这将在后面的内容详谈。

第三步:存放"物品"。

一旦将线路烙在脑海里,你就正式成为了"宫殿主人",是时候让它真正发挥作用了。在"宫殿"内,按照特定的地点或路线,存放需要记忆的信息。这就跟整理房间一样,把衣服放到衣柜,把书籍放进书桌等。对于新手来说,建议在同一个地方放1—2个"物品"即可,放得太多容易混淆。

第三步十分关键,一定要亲自多走几遍,多看几遍,做到闭上眼睛每一件"物品"都能在脑海中浮现,在特定的位置确实地看到它。

第四步：建立"关联"。

存放"物品"时，之所以强调按照特定的地点或路线存放，是为了将无意义的数字或文字，按照一定的方法和规律，比如谐音、形象、意义等建立"关联"，从而进行快速记忆。

前面我已经强调过，大脑很难记住抽象的信息，比如字母或数字。记忆不能靠死记硬背，把知识或信息硬塞进某个地方，而是要充分调动自己的想象力，给"物品"和自己熟悉的东西进行关联，或者和相近或相似的事物关联，这容易使更多的神经元接受刺激，从而提高记忆力的敏锐度。

记忆英语语法、数学概念、物理化学定律等，通常是比较费力的，如果能科学地建立"关联"的话，那记忆效果将会成倍增加。

有一个节目叫"儿童超级记忆大赛"，比赛题目要求比赛者在30秒之内，记下"喷泉""花坛""蜜蜂""草坪""玩具""足球""轿车""男孩""微笑""木椅"共10个词语。一个9岁的男孩用洪亮的声音，快速、准确地把10个词语重复了出来，场内爆发出一阵热烈的响声和欢呼声。

是这个男孩记忆超群吗？男孩赛后分享了自己的成功秘诀："我是通过关联记忆获胜的，我把这10个词语串联成了一个故事。公园的一角，有一个美丽的喷泉。喷泉旁开满鲜花，一群蜜蜂在采蜜。突然，不远处的草坪，滚出一个足球。一个男孩跑过来捡起足球，坐在了公园木椅上……"

是不是很好玩？记忆变得容易了？把大脑不容易记住的信息类型，转化成大脑最擅长的图像和位置记忆，这正是"记忆宫殿"的根本秘诀所在。

第五步：反复回忆。

建立起"记忆宫殿"后，需要时常"进去"看看、想想，回忆每样东西和它们关联的抽象物体，按照线路一一重现一下画面，并且进行反复整理和归类。毕竟，任何一种记忆方法的掌握，都离不开大量的练习，只有在不断练习中才能熟练掌握，快速使用，甚至不用思考就能得出答案。

05/ 小游戏，大世界，让孩子越玩越聪明

在游戏中，有效地激荡脑力、激发思维潜能，重塑脑功能结构，是开发大脑的一条捷径。大脑的功能是多维度的，要想全面地开发大脑，有关游戏的训练也必须要全方位，而不能过分强调任何一种特定游戏。

以下几个游戏可对左、右脑的各项功能进行充分开发，让孩子在潜移默化中锻炼观察记忆能力、判断分析能力、数学验算能力、演绎推理能力、空间想象能力、变通反应能力以及思维转换能力等。

（1）连连看

"连连看"就是找出相同的图案，直线连在一起就可以进行消除。规则简单容易上手，却不缺乏挑战，可考验注意力、眼力、细心程度、空间感等。

（2）你画我猜

"你画我猜"以涂鸦和猜谜为主要玩法，父母可以做一些动作或者画一些图案，让孩子猜猜是什么意思？比如，一只青蛙坐在井底仰头看天空，谜底就是成语"坐井观天"。这，无疑是对大脑的利用与开发。

（3）逢7过关

从1开始依序报数，逢7或7的倍数时不能报，以拍手或蹲下代替，否则就是输了，此游戏对孩子的数学验算、反应力训练相当有效。

（4）24点牌

抽出3张或更多张扑克牌，通过加减乘除运算，使最后的结果为24。例如，现有4张扑克牌，分别为3、4、6、10，运用上述规则，运算式如下：$3 \times [10+4+（-6）]=24$。

（5）我爱涂鸦

很多孩子都喜欢涂涂画画，这是大脑创造力和想象力的发挥。身为父母，请保护孩子的这一天性，为他们创造绘画的环境与氛围，其中游戏"我爱涂鸦"就是不错的选择。在"我爱涂鸦"界面上，孩子可以自由地触控涂画，并可以借此认识颜色、认识形状、学习汉字笔画顺序等。

当然，每个孩子都是与众不同的，以上这几种游戏是否适合、对孩子是否有益，要边练习、边观察、边调整。

第六章
新游戏、新媒体、新饮食……
新生活给大脑带来新挑战

大脑具有强大的可塑性，会不断进化以适应环境。当今世界，新游戏、新媒体、新饮食……新生活给大脑带来新挑战。家长到底应该如何助力，才能让孩子拥有最强大脑，迎接无限未来？

大脑在进化，
重塑大脑的方式也在"进化"

"三四岁的孩子说起话来竟然像大人一样，条条是道。"

"他们怎么会懂得那么多，想忽悠他们简直比登天还难。"

"我辛苦学了一天的软件，小侄子摸索一会儿就上手了。"

……

如今不少成人感叹，现在的孩子都是猴精，非常的聪明。这是一个普遍的事实，也值得所有人深思：为什么现在的孩子比过去的孩子要聪明呢？

有人说，现在的生活条件比过去好，绝大多数家庭的日常饮食中营养物质充裕。孩子们从小就被各种各样的奶粉、辅食等所包围，而家长又担心孩子营养不足，还会添加各种微量元素、蛋白粉等。要什么有什么，缺什么补什么，孩子在大脑发育期营养充足，大脑发育得好，自然就更聪明。

有人说，以前的父母只盼着孩子能够健康成长就可以了，对于孩子的智力培育没有特别重视，只是顺其自然地发展。而现在的父母受教育水平更高，从怀孕期间开始就非常注重孩子的智力提升，也关注孩子的心理发展。父母重视，启蒙教育越来越早，孩子们的智力发育就会日趋提前。

还有人说，不光是家庭教育，学校教育和社会教育的科学化程度和教育水平日益提高，也是孩子们普遍变聪明的重要原因。比如，现在学校非常重视孩子们的素质教育，强调德、智、体、美、劳全面发展，而且重视学生个性的发展，注重学生潜能的开发，进而促进了大脑的良好运转。

诚然，诸上这些原因都是存在的，但最根本的原因在于，每一代人的成长都深度结合独特的社会背景，大脑的发育水平是当下环境的"杰作"。

如今正处于互联网、人工智能、大数据时代，这一代孩子出生时身边就有智能手机、平板、电脑等，每天面对纷至沓来的海量信息，五花八门的文化让人大开眼界，这就是孩子们身处的环境。为了感知和适应外界环境的变化，和这个高速发展的时代更"合拍"，他们的大脑会随之不断地进化。

这种进化并不是脑容量的单纯扩大，而是表现在对白质和灰质的充分利用和比例优化，这将带给孩子大脑不断重新建立神经回路的机会，使他们的脑内不断加入新的高级功能，而那些负责低级功能的脑区基本上不会改变，就好比甜筒的顶部又加了一勺冰激凌，而下面的冰激凌还留在原处一样。

时代在发展，大脑的这种进化还在继续，它所带来的是21世纪人类智商的稳步提升。如何帮孩子抓住这次新机遇，是每位父母面临的新挑战。

01/ 电子游戏大人孩子都爱玩?
因为它找到了大脑的弱点

"孩子注意力不集中怎么办?"

这是家长们经常问及的一个问题,孩子的注意力真的不集中吗?未必。在玩电子游戏的时候,他们的注意力会比任何人都集中,甚至吃饭时间到了也拉不动。

为什么许多孩子在学习时注意力无法集中,而在玩电子游戏的时候却能坐着一动不动?因为电子游戏找到了大脑的弱点,其中的奥秘就在于:动态画面。

互联网信息大致可以分为三种类型:一是文字信息,二是图片信息,三是视频信息。在吸引力方面,通常是文字信息<图片信息<视频信息。

人类之所以被称为"万物之灵",正是因为我们会思考。当受到外界足够的刺激时,神经元就会产生一个动作电位——一种用来刺激其他神经元的电脉冲。由神经元组成的大脑网络开始相互交流,产生高级的认知性行为,包括感知、记忆、思考、语言及意识方面。但思考对脑神经元的消耗量太大了。

为了大大减少负担，提高处理信息的效率，我们的大脑喜欢"偷懒"，默认的决定方式是快思考。所谓快思考，就是大脑总是偏向记录显而易见的表面信息，而不愿意对已有信息进行加工推论，这是大脑惯用的"伎俩"。

英剧《黑镜》是一部关于未来黑科技的科幻剧，男主角丹尼尔过海关时被要求回忆自己大脑记录下来的视觉记忆。如果你看过那个片段，不难发现，丹尼尔的记忆是通过动态画面来表现的。原因就在于，我们的大脑天生将注意力集中在运动上，会绕开有意识的部分而纯粹根据其本能行事。

电子游戏会在玩家操作下形成动态画面，而且包含了很多动态元素，例如炽热跳动的火焰、公路上飞驰的汽车、不断变动的机关，自己操控的角色时刻处在眼皮子底下，甚至一颦一笑尽收眼底。这种栩栩如生的图像，便于大脑的识别和跟踪处理，无疑会更加吸引人，牢牢把控人的注意力。

这也就意味着，孩子其实不是缺乏注意力，而是不懂得如何运用注意力。如果将孩子所要学习的东西，变成一部生动有趣的电影或动画片，结果会怎么样？孩子对学习很可能会变得更有兴趣，而不必担心注意力不能集中。问题在于，大部分时候，孩子所要学习的东西，根本不会动。怎么办？

在教孩子学习的时候，不妨补充一些动态资料，把学习内容转变成动态画面。这一点前面我已经提及，可以借助视频、动画形式的内容实现知识点的联动，也可以帮助孩子发挥生动活泼的想象力，进入自己所构建出来的想象世界之中，而且后者因为融入了个人主动性，所取的效果往往更佳。

注意力和想象力密切相关，注意力就是集中精神注意事物和行为，把它们固定于自己的意识之中。儿童阶段是大脑发育最快的时候，也是创造力和想象力最丰富的时候，他们喜欢陶醉于自己想象的世界，此时数百万个神经元会参与进来，来回交换信息，因而注意力维持的时间就会长。

任何学习的过程都是一个与知识沟通、对话、交流的过程，是孩子充分利用自己的想象力学习的过程。

就拿阅读图画书来说，如果一个孩子平时就有想象的习惯，那么，他就会通过丰富的想象力，在心里把书中的画转化为生动的故事场景，进而体验故事中人物的心理，获得丰富愉快的人生感悟和美的感受。有了这种体验，孩子就会主动拿起图画书进行阅读，而且非常享受这样的过程。

02/ 新媒体，碎片化信息
对儿童大脑的影响

近年来，随着移动互联网的发展，我们每天接触到的信息铺天盖地，孩子们也不例外。"一张图看遍哲学史""5分钟读完一本名著""10分钟了解唐朝历史"……类似的节目和短视频大行其道，获得的浏览量或点赞数轻易就能突破百万，快得如同快餐一样满足了我们对于外部信息的了解。

众所周知，大脑的发育建立在与外界环境广泛接触基础上，丰富的、多变的环境刺激可以锻炼大脑的感觉和反应能力，于是不少人将这种新技术、新媒体、新现象视为教育子女的福音。真是这样吗？其实不然。这种信息看似内容又快又多，但却会一步步毁掉孩子大脑的专注能力和深度思考的能力，并由此可能带来大脑功能的退化。结果是，时间和精力没少花，但是收获寥寥。

因为新媒体背景下，信息传播具有碎片化特征。"碎片化"一词，原意指将完整的东西破成诸多的零块。所谓信息碎片化，是指完整信息被各式各样的分类分解为信息片段，人们通过网络传媒获得是内容趋向分散的信息，这是信息爆炸的成因与显著体现，那么碎片化信息是如何影响大脑的？

在碎片化信息的获取过程中，表面上看是大脑在与外部进行"连接"，是在不断利用知识充实着自己。但其实，大多时候我们得到的只是事实和结果。

我们知道，孩子的大脑是高度可塑的，这种可塑性在于多个神经元之间建立"连接"，从而完成"神经回路"的搭建，促进深度思维和创造性思维的发展。

相比之下，"碎片化"信息是一种事实的集合而非逻辑。内容杂，切换快，是一种事实的集合而非逻辑，而且不乏浅显、片面的信息，这是一套速度至上、效率至上的伦理，对大脑的塑造少之又少。如此，就会导致思考能力的下降甚至丧失，对于复杂、系统事物的认知能力大打折扣。

什么是认知？认知是个体对外界事物认识、判断、评价的能力。大脑与外界的"连接"并非只要认识就足够了，而是通过对信息进行汇总、整合、分析，在大脑当中留下"痕迹"，形成个体经验。在这样的认知下，大脑会逐渐搭建起一个较为立体的思维结构模型，进行系统化的深度思考。

坐在同一个教室，面对同样的教师，接受同样的教育，为什么有的孩子学习好，有的孩子学习差？学习差的孩子有个共同的思维特质：注意力被过分分散，思维过于趋向于表面化，引发认知能力、分析能力、记忆能力等下降。

　　大脑真正的物理状态，说白了就是注意力，这是贯穿于整个大脑的物质效应。专注状态一旦建立起来，大脑皮层上的神经元就会向中脑区多巴胺的神经元发送信号。多巴胺负责产生强有力的神经递质，促使神经元的"轴突"一直延伸至海马状突起上的神经连接，进而启动外显记忆的巩固过程。

　　互联网不断的信息打断和干扰，让大脑难以进入深度思考的工作状态。我们上网越多，对大脑适应精力分散状态的训练就越多，可是注意力又不会持续太久，巩固记忆的过程也因此难以启动。这也是为什么我们越来越习惯浅阅读，而难以进行深度阅读，也难以全神贯注的根本原因所在。

　　比如，下围棋。下围棋最需要的就是聚精会神，一局棋下下来往往需要花费一两个小时，为驾驭一盘棋少失一个子，孩子们必须发挥自己的才智进行深入分析，否则就赢不了对方。但碎片化的心智习惯让很多孩子要么找攻略迅速搞定，要么随便下两下便放弃，很少有耐心去认真进行研究。

　　事实上我也曾一度深受其害，有段时间我每天花费大量的时间刷各类新闻，遇到长文经常看看标题、扫一下开头结尾，很少思考前因后果的逻辑关系。结果因为信息过于碎片化，对文章的理解不够深入，不够透彻，看过即忘的情况经常发生，即使有时专注而得的东西也会很快遗忘。

从这个角度看，对互联网碎片化信息的依赖，其实就是把自己的记忆"外包"给了冷冰冰的电子机器，甚至同时也把自己的智力"外包"了出去。

我曾做过一项问卷调查，发现许多孩子宁愿接受半小时的罚站，也不愿在没有电子设备的情况下独自思考10分钟，这是非常可怕的！

于是问题来了：如何化解"碎片化信息"对大脑的伤害？如何让孩子长时间地集中注意力，并促进深度思维和创造性思维的发展？要寻找方法解决这个问题，最好的方式就是从本质出发，拯救大脑的认知系统。

以下，是我个人认为行之有效的两个方法。

（1）引导孩子多写多说

为什么要多写多说？在碎片化信息下，孩子接受信息主要以读、看、听等行为为主，这是大脑被动性地接收信息的过程，较少深入思考或者无须思考；写和说则必须经过大脑的思考、构思、梳理等逻辑行为，才能有条理、有章法地进行表达，而且在这个过程中更容易形成自己的认知体系。

在写和说的过程中，初期可让孩子以自己的所见所闻所感为主，如写日记、复述故事。随着写说能力的不断提升，后期可以涉及更深入、更系统的内容，如写小说。

（2）适当进行沉思冥想

很多家长问，让孩子更聪明，更能坐得住，有没有简单的方法？我可以肯定地回答大家，有。沉思冥想，就是改善注意力的有效方法，而且非常简单。

每天早晚，抽出10分钟左右的时间，陪伴孩子一起静坐，不受外界打扰，可以冥想，可以放空，也可以思考问题，有意识地引导大脑，将注意力完全投注在此时此刻。因为有强烈的智力和情感参与，神经元会获得高度的兴奋及充实感。孩子的反馈会很积极，注意力更为专注，并且很愉悦。

03/ 让孩子从小见世面，到底有多重要

在孩子成长的过程中，作为父母的我们有成千上万数不清的事情要做。对于我而言，最想做的一件事就是让孩子从小见世面。

所谓"世面"就是世界的每一面，这个世界不只有上下远近之分，它不是一维的一条线，而是无穷大的多维世界。

我们知道，孩子的大脑是生物因素和后天经验的结合，也就是说，在遗传因素不变的前提下，后天环境越丰富，刺

激越多样，体验越充分，孩子的大脑发育就越好，其认知功能越好、脑功能越强。这，正是见世面的意义所在。

调皮捣蛋的孩子往往比安静听话的孩子更聪明，这是生活中很普遍的一种现象。为什么会这样？就在于，调皮捣蛋的孩子有着强烈的好奇心，喜欢到处去探索、去摸索。爬上爬下、跑前跑后、各种拆装……正是通过这些行为，他们能更好地感知这个世界，大脑产生了更多新的神经回路。

科学家们曾做过一则实验，测试幼鼠在什么样的环境下发育最好。实验中，一组幼鼠被放在一个安静阴暗的房间中，每只幼鼠单独在一个笼子中，并用厚墙隔开以避免接触；另一组幼鼠则被放在明亮宽敞的房间里，每5—6只幼鼠为一群，可以自由活动，并且每天更换滑梯、车轮、秋千等玩具。

一段时间后，观察结果显示，第一组生活在贫乏环境中的幼鼠目光呆滞，第二组生活在丰富环境中的幼鼠则机灵好动，而且后者比前者大脑感觉整合区域的大脑皮层厚了约14%，一般感觉区域的大脑皮层厚了约10%，大脑净重相差4%左右。这就是环境的不同所导致的大脑差异。

那些从小见过世面的孩子是什么样子？

有一年我到西安出差，和一位大学同学小聚，同学家8岁的女孩颜颜和我畅谈甚欢。

去博物馆，看到出土的五弦琴，颜颜马上讲解道："五弦琴内合五行金、木、水、火、土，外合五音宫、商、角、徵、羽。后来为了提高君臣的德行，周朝周文王、周武王增加文、武二弦，就有了后来七弦琴。"

来到华清池，她跟我讲："华清池与颐和园、圆明园、承德避暑山庄并称中国四大皇家园林。这里的温泉之所以温，是因为地球内部的岩浆温度高，通过地壳的传导加热了地下水。"

爬骊山的时候，她说："骊山名字的由来跟它的外形有关，远看骊山像一匹奔驰的黑色骏马，骊本身就是黑骏马的意思。"见到松柏和松鼠，她又跟我讲起去东北上山挖蘑菇、采摘野生的木耳、捡松子的故事。

……

说这些的时候，颜颜自信大方的模样给我留下了深刻印象，更是令我由衷发出感慨：见过世面的孩子，原来这么厉害！

同学平时工作虽然忙碌，但每到节假日只要有时间都会带孩子出去玩，或畅游家乡，或走南闯北。丰富的经历让孩子开了眼界，扩了视野，这些都是书本知识给不了的。这些走过的路，见过的人，听过的故事，欣赏过的风景，深深印在颜颜的头脑中，培养了她丰富的情感与语言表达。

孩子的世界不能只有方圆几里地，他们看到的世界应该是开阔的、丰富的、美丽的、多样化的。恰恰是这种多层面、多维度、多视角的环境，开阔他们眼界的同时，也丰富了他们的大脑，让人生有了更多的选择，更多的可能。无奈，不少父母并没有给孩子提供更多感知世界的"窗口"。

有人可能会说，只有拥有好的经济条件，孩子才有机会看世界、见世面。我们既不那么有钱，也没有闲的时间，每天朝九晚五过日子，拿什么让孩子见世面？

我想说，见世面不是富人和闲人的专属产品。让孩子见世面，许多时候和金钱与时间没有关系，而在于父母的眼光和格局。

见世面，说到底影响的是孩子的思维模式和认知模式。见世面，不必去见识更广阔的世界，哪怕是家门口的公园，陪孩子一起观察没有注意过的事物，也会有意想不到的收获；给孩子准备一屋子的好书，在书海中徜徉的时候，再细小的空间也能拉成一条巨大的隧道，带孩子通往莫大的世界。

还在说自己没条件让孩子见世面吗？这样的父母在思想上就已落后于人了。

那么，身为父母，我们该如何帮助孩子提升认知模式和思维模式呢？这里的关键在于，多给孩子提供有滋养作用的信息，引导孩子勤学多思好问，鼓励孩子的探索精神和动手能力，进而最大限度地开发大脑的智慧。这不是一朝一夕习得的，靠的是在日常生活中经年累月的积累与提升。

04/ 越挑战越兴奋，燃烧吧脑宇宙

谈到电子游戏时，很多家长都是"谈虎色变"。在他们的眼里，电子游戏就是一种坑害孩子的"精神毒品"，很容易让孩子玩物丧志。在"孩子决不能接触的物品"排行榜上，电子游戏绝对高居父母心中的榜首。

其实，这种极端看法是一种偏见。

凡事都有两面性，电子游戏也不例外。通常，许多电子游戏都有非常突出的关卡，关卡具有一定的难度和挑战性。我们知道，学习和练习一项具有挑战性的任务可以塑造大脑，电子游戏便是其中的一种类型。脑科学家进行过相关实验，玩电子游戏的大脑成像显示，在完成游戏挑战的过程中，大脑内的所有部分都会变得更加活跃，尤其是背外侧前额叶皮层，即顶叶皮层。

大脑表面是凹凸不平的，布满深浅不一的沟和裂，这些沟裂将大脑半球分成四个叶，大脑最前部的是额叶，在额叶后面的上部是顶叶，额叶后面的下部是颞叶，在脑最后部是枕叶。

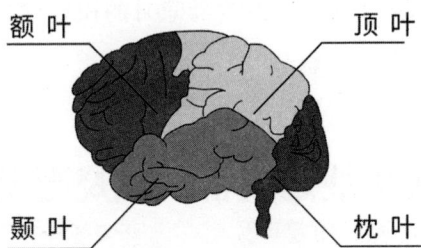

图6-1 大脑四叶位置图

其中，顶叶皮层可进行多种感觉信息与言语的整合，主要负责体觉辨识、操作理解，并在不同的目标之间切换注意力。

可见，电子游戏会影响与注意力相关的脑区，增强大脑的功能以及改变它的结构。

电子游戏更为突出的特质是多感官的交互性，即需要较好的视觉空间能力、手眼协调性、注意力高度集中以及快速反应能力。尤其是那些新颖的、快节奏、竞技的、动作丰富的游戏，往往涉及大量的脑力工作，这种适应性挑战对大脑极其"刺激"，可帮助儿童改善智力，提高认知技能。

这就是越挑战越兴奋，更形象的形容就是大脑在燃烧。

而且，优秀的游戏往往蕴含宏大的世界，比如《三国志》就是一款基于名著《三国演义》和《三国志》改编的历史类策略游戏系列，能帮助玩家了解更多的三国知识，堪称"生动的教科书"；而从《ICO》到《消逝的光芒》都是极为优秀的哲理类游戏，能让玩家以更加宽广的视角去看待世界。

我认识一位五年级的男孩，平时喜欢玩三国题材的游戏，结果是他对于三国时期的熟悉程度是任何一个历史时期都比不了的。用他自己的话说："这个游戏是我的三国历史启蒙，也是我的中国乃至世界历史启蒙，正是从那以后我开始逐渐对历史感兴趣。"

当孩子主动谈起关于游戏的话题时，我们可以鼓励孩子主动了解其中涉及的历史、文化和地理等知识，让他们查阅互联网或者书籍，然后将学习到的内容讲出来。这何尝不是对大脑的"教育"？

大脑"喜欢"图像化的东西，来自电子游戏丰富界面的刺激，还会让孩子有一种身临其境的感觉，情不自禁地把身心投入进去，这会对大脑内的岛叶有一定的促进作用。

岛叶又称脑岛，在大脑中只是很小的一部分，却是感觉和情绪的发源地。脑岛一般分为前脑岛、中脑岛和后脑岛三个部分，周围被大量的大脑皮层所包裹，参与了非常广泛的认知功能，如味觉、痛觉、记忆、意识等，这与其在大脑中心位置有一定关系，便于与其他脑区互通信息。

正是由于电子游戏能促进大脑重要神经网络的功能整合，所以我们一定要客观地面对，而不能够一味地去禁止。

不过，电子游戏所有的好处都有一个前提，那就是适度。

孩子的大脑尚未发育完全，这导致他们的自我约束能力较弱，即便他们知道电子游戏的利弊之处，单凭自己是很难控制游戏时长的。作为家长，一定要给予他们帮助，合理安排游戏时间，做好监督工作。脑科学研究认为，每周玩2—4小时的电子游戏，最能使孩子的学业和情感受益。

05/ 帮助大脑制造智力分子的"食品厂"

父母们都希望自己的孩子未来能够成才，比同龄人更加优秀，而具体的表现就是"智商高"。为此，越来越多的父母自怀孕起就开始煞费苦心地开发孩子的智商，给孩子准备各种玩具和教具，用高质量的陪伴支持孩子，不惜花大价钱让孩子参加各种记忆培训、大脑潜能开发班等。

虽然后天训练是孩子变聪明的重要因素，但你知道吗？

聪明的大脑也是"吃"出来的。这并非我信口雌黄，而是有科学依据的。神经元之间有效地搭建"神经回路"时，往往需要依赖运送讯息的神经传导物质。目前已被发现的神经传导物质有100多种，它们的来源大多数是食物。

遗憾的是，很多家长往往关注于营养不足会影响孩子的身体健康，却没有意识到，其实大脑也需要足够的营养来活化并强健它的功能。

那么，如何"吃"出高智商呢？

脑科学研究发现，多巴胺、乙酰胆碱、血清素这三种神经传导物质与专注力、记忆力、思考、认知等脑力活动关系密切。

图6-2 "吃"出高智商

多巴胺是我们熟知的一种神经传导物质，产于大脑里的基底核，主要用于帮助细胞传送脉冲。当多巴胺沿着两个通路从基底核扩散到前额皮层和纹状体，同时也会将兴奋及开心的信息传递，使人感到愉悦和快乐，同时在运动控制、行为选择和强化学习这三个重要认知功能中起到关键作用。

多巴胺自然存在于许多不同类型的食物，如肉类、鱼类、豆类、豆制品、坚果等。如果孩子每天能够摄取丰富的多巴胺，大脑就会变得更有活力、警觉力以及判断力。

作为中枢胆碱能系统重要的神经递质之一，乙酰胆碱主要由胆碱及醋酸基组成，其功能是激活脑神经的传导功能，提高神经元传递信息的速度，增强大脑的记忆能力。科学家认为，如果大脑中乙酰胆碱含量过低，大脑将难以贮存新信息，表现为反应迟缓、记忆力减退，甚至无法正常工作。

好的智力离不开好的记忆力，也就是说，想要孩子更聪明，就要保持和提高乙酰胆碱的含量，而乙酰胆碱多以胆碱的状态胆碱广泛存在于蛋类、奶类、肝脏、花生、麦胚、大豆等各种食物中，蔬菜中莴苣、花菜的胆碱含量也很丰富，会经过人体内起生化反应合成具有活性的乙酰胆碱。

血清素又称5-HT，也是一种重要的神经传递物质，且负责调节人体多种荷尔蒙的分泌，进而影响身体和情绪的多种运转。通过对大脑活动的观察发现，当血清素降低到一定数量时，额叶部位和杏仁核部位之间的信号联系就会减少，进而出现注意力不集中、思维不清、焦虑不安、精神涣散等。

血清素通常经食物中的色氨酸（一种氨基酸）合成，因此简单的方法就是多吃富含色氨酸的食物。理想状态下，色氨酸主要来源于鱼类、谷类、豆类、鸡肉、坚果和种子，以及香蕉和胡桃等碳水化合物含量高的食物。

大脑是一个很复杂的中枢，单靠一种食物很难实现补脑的目的，它所需要的营养物质往往是多种多样的。除了以上与神经传导物质息息相关的食物以外，要让孩子"吃"出高智商，我们还要知道哪类食物能给大脑提供满满的能量。

比如，磷脂酰胆碱。磷脂酰胆碱会影响大脑记忆力、行为的控制等，可将大脑的指令迅速传递，同时还能增强大脑活力，使人的记忆力加强，也有修复受损脑细胞的作用。富含乙酰胆碱的食物有花生、蛋黄、小麦胚芽、动物肝脏、肉、鱼、牛奶以及蔬菜，尤其是花椰菜、甘蓝菜、青花菜等。

比如，脂肪酸。大脑60%的部分是由脂肪构成的，脑内脂肪的构成与大脑的质量有着密切关系。大脑的脂肪从何来？就是由人体摄入的脂肪酸构成的。脂肪酸是由碳、氢、氧三种元素组成的一类化合物，多存于葵花油、粟米油、大豆等植物油以及黄花鱼、带鱼、三文鱼、金枪鱼等深海鱼中。

脂肪酸对神经系统和大脑的发育非常重要，目前世界各国的健康权威机构都推荐，每周应吃 2—3 次水产品，尤其是孕妇和婴幼儿。

我们知道，大脑是名副其实的"大胃王"。对于孩子而言，理想的饮食方式除了营养丰富的三餐之外，还需适当地加餐。加餐最好选择核桃、腰果、花生、杏仁果、榛果、南瓜子等，坚果类食物含有丰富的多巴胺、血清素、磷脂酰胆碱、脂肪酸等，对提高孩子专注力及思考力大有益处。

第七章
大脑有性别——
养娃就该"男女有别"

男孩与女孩自出生起，在思维模式、情绪反应、行为表达等方面都存在很大差异，相应的教育也要男女有别。一旦真正了解男女大脑的不同，通往更高水平教育的一扇门就会被打开。

脑知识

大脑的性别差异，不止男女那么简单

众所周知，男孩和女孩在很多方面都是不一样的。

比如，女孩喜欢玩过家家、洋娃娃之类的玩具，男孩则更喜欢运动、枪械类的游戏；大多数女孩语文、英语成绩会好一些，数学成绩就有些普通，这种差异在中学时尤为明显，甚至有"男孩适合学理，女孩适合学文"的说法；男孩通常比较勇敢、坚强、独立，女孩则比较细心、体贴、细腻。

男孩和女孩为何会有诸多不同？一首童谣这样唱道："小女孩是由什么构成的？糖果、香料和一切美好的东西；小男孩又是由什么构成的呢？剪刀、蜗牛和宠物小狗的

尾巴。"

在传统认知中，男女不同源于基因差别，即染色体不一样。而在脑科学界，男孩和女孩的不同，不仅在基因和性别上，也在思维模式上，在大脑运转上。不同的大脑生理结构决定了男女的思维方式、处事习惯，以及行动能力都有很大的区别。用一句简单的话总结，那就是大脑也分男女。

"男孩大脑=左脑，女孩大脑=右脑"，这种说法相信很多人都听说过。这倒不是说男孩只拥有左脑，女孩只拥有右脑，而是说男孩和女孩使用大脑的方法不同，大脑活动的优势区域也有所不同。其中，男孩擅长使用左脑，左脑更发达；女孩更擅长使用右脑，右脑更发达，婴儿也是如此。

我们知道，大脑分为左右两半球，表面的大脑皮层又由数亿个神经细胞构成，它们又分成多个功能区。什么叫"功能区"？打个比方，一个班级有30个同学，分成5个小组，第一小组负责教室黑板的清洁，称为黑板清洁小组；第二小组负责教室地面卫生，称为地面卫生小组；第三小组负责门窗卫生，就称作门窗卫生小组；第四小组负责走廊卫生，就称作走廊卫生小组……

同样的道理，大脑皮层的大量神经元细胞体也会根据功能分成若干的群，负责调节人体的某一特定的生理功能，这叫作"神经中枢",也就是功能区,比如负责视觉的就是视觉中枢,负责听觉功能的叫听觉中枢,负责躯体运动的是躯体运动中枢,负责人体感觉功能的是躯体感觉中枢……

大脑左右半球的功能基本相同,但具有不同的功能优势,其中左脑主管语言、概念、数字、分析、逻辑、推理等功能,右脑主管音乐、美术、空间几何、想象、直觉、综合等功能。正是左右脑的种种不同功能,导致了男孩和女孩的差异,比如男孩方向感和逻辑力较强,女孩感性、直觉较强。

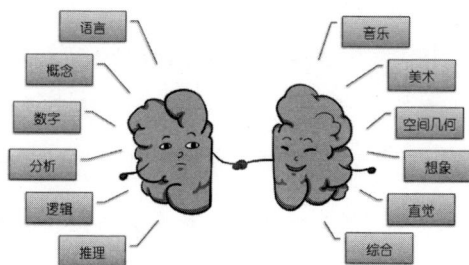

图7-1 左右脑的分工与合作

其他研究还发现,男性大脑容量大于女性,平均来看相差8%—10%,其中男性的顶叶皮质(负责处理来自感知器官的信号并参与空间感知)、杏仁核(负责情绪、记忆和决策）、纹状体（学习、抑制和奖励机制）、丘脑（处理感觉信息并负责传递给大脑其他部分）更大，这意味着男孩的空间识别能力、情感控制力等更胜一筹；而女性大脑内的海马区（负责记忆的存储转换和定向等功能）、大脑额叶（控制决策制定和解决问题）更大，这意味着女孩的记忆力和分析力稍强。

核磁共振成像研究还发现，连接左右半脑的胼胝体，女性的厚，男性的薄。胼胝体是一种神经纤维束，束越多，左右大脑半球间的联系越密切。这就意味着，男性是根据右脑和左脑各自不同的分工来使用大脑的，各自内部的神经联系较强；相比之下，女性左脑和右脑之间的联系较强。

通过以上各种方式，男孩和女孩的大脑呈现出明显的功能差异，导致了言行上的种种不同之处。当然，这些只是普遍性的差异，并不能一概而论，毕竟男孩里也有安静乖巧的，女孩也有好动擅勇的。何况，左右大脑虽然有功能一侧化优势，但是它们相辅相成、协同活动，共同建构着成长经验。

对于大脑的了解和开发，我们还需继续进一步探索。

01/ 女孩富养，男孩穷养？别再傻了

女孩富养，男孩穷养，这是当下养儿育女的一条"金科玉律"。

所谓女孩要"富养"，就是要尽可能为女儿创造优越的条件，让她懂艺术、上好学校、穿好衣服，做一个自信自立、眼界开阔、有品位、有气质的人；而男人需要顶天立地，要在社会中竞争，所以男孩要"穷养"，从小学会吃苦耐劳，养成独立自主、克制物欲、奋发图强的优良品质。

这种育儿理念是否正确呢？在我看来，这种理念本身没什么问题，男孩和女孩的确应该"区别"教育，但是"女孩富养，男孩穷养"这种刻板的性别偏见，一旦尺度掌握不好，往往就会导致对孩子的伤害。比如，从小被"穷养"的孩子，很容易出现自卑、懦弱、弱势、悲观等表现。

教育孩子是一门智慧的科学，不是"富养"与"穷养"所能涵盖的，而应该把孩子的大脑当作最关键的"用力点"。了解大脑的生理结构，了解大脑的运转方式，不论是左脑也好，右脑也罢，不论是杏仁核，还是海马区，了解

它们分别蕴含着不同的神秘能量，才能帮助孩子更科学地用脑。

既然男女大脑结构和功能有所不同，教育就应该是因材施教的。现在我们已经了解男孩女孩天生大脑的差别，那么到底该怎么区别养育呢？

比如，数学是一门具有严密逻辑性的学科，由于女孩空间能力、逻辑思维能力较弱，到了小学高年级，特别是到了初高中，学习起来往往会比较吃力。此时，如果引导女孩涂涂写写，说说画画，将数字与符号变得具体，从数学抽象的世界里走出来，那么数学成绩也就能比较轻松地提上去了。

"一间大别墅里，共有3层楼房，每一层楼有10个房间，每个房间可以睡2个人，请问这间别墅一共可以睡多少人？"这是女儿曾遇到的一道难题，她想啊想，怎么也算不清楚。这时我拿出一张纸，画出一个3层楼的楼房，每层10个房间，让女儿在画里算一算。不到一分钟，她就算出来了。

比如，男孩大脑的右半球比较发达，这使他们的动手能力比较强，对机械能力的掌握也毫不逊色，那种动手又动脑的学习方式比较适合男孩。如果遇到操作上的问题，不妨给他们提供更多的触觉型的体验，以便激发大脑学习的积极性。

学习"组合图形的面积"时，儿子一开始有些不感兴趣，于是我让他自己动手制作已学过的图形，长方形、正方形、三角形、平行四边形等，再将两个和两个以上的图形拼成一个组合图形……然后，让儿子运用学到的知识，把组合图形分割成已学过的图形，再计算它们的总面积。

再比如，由于左右脑的协调并用，女孩大脑中负责语言功能、感知记忆的神经区域比较多，因而复杂的阅读和写作对女孩而言比较容易，对男孩而言就成为困难的事情，男孩们更喜欢图解或视觉类的书，如漫画书、插画书。只有当男孩的大脑发育趋于完成，这种现象才会消失。所以如果你想让你的儿子喜欢读书，选择的图书不要过于复杂、单调，而要图文并茂，生动有趣。

在学习过程中，不少父母会让孩子向那些成绩优秀的孩子请教学习方式，虽然照着做也有效果，但终究是生搬硬套的做法。每个孩子都有自己的个性和独有的大脑，聪明的父母应该根据孩子自己的个性和大脑，然后在众多的方法中选一些最适合于孩子自己的方法，从而达到事半功倍之效。

比如，那些活泼好动的孩子，往往精力比较旺盛，情绪波动比较快，做事容易时冷时热，常常难以安心学习，也很难坚持长时间的学习。为此，要给孩子安排独立学习的时间和学习地点，以免易受周围环境影响，同时最好每次的学习时间控制在1小时内，然后休息5至10分钟。

无论"养"还是"教"，都不能一概而论，而要实事求是。这样的道理就像体育运动员进行锻炼时一样，有些运动员不一定完全按照教练要求的"正确"姿势来做动作，而是利用最适合自己的姿势去锻炼，这样不仅锻炼起来比较轻松，而且取得的效果也比较好，有时还会获得比赛冠军。

如果暂时看不到孩子进步，也不要灰心丧气。无论是男孩还是女孩，孩子总是千差万别的，每个孩子接受、学习、消化的能力不同。许多孩子心智成熟得较晚，要看长远一点，不要着急。我想，我们家长能做的就是尊重且接受这种差异，接受孩子的与众不同，给予他们更好的成长空间。

02/ 男孩骨子里都是好战的"勇士"

一群男孩开心地玩着，你追我赶。没多久，就可能爆发"战争"，抱着打成一团。

排队时，男生的队伍经常歪歪扭扭，有时还你推我一下，我也要还你一下。

……

只要我们细心观察，不难发现，只要有男孩的地方，这样的小冲突会不断出现。很多家长一提到男孩，就会想到"好斗""顽皮""争强好胜"等词语，也常会感慨把一个男孩顺利带大，可能要少活好几年！

为什么男孩是这个样子呢？当我们抱怨男孩不如女孩乖巧听话，甚至把他们的不乖表现上升到挑战权威，归罪到养育出了问题时，我们可能没有意识到，男孩与女孩大相迥异的大脑特征——其实，男孩的好斗也是一种身不由己。因为攻击行为和大脑之间存在联系，是受到了荷尔蒙的影响。

荷尔蒙是大脑的第一任"建筑师"，所谓荷尔蒙就是我们常说的激素，这是人体分泌系统分泌的能调节生理平衡的物质，对肌体的生长、发育、代谢等起着重要调节作用，当然也包括大脑。荷尔蒙有雄激素和雌激素之分，男女体内都含有这两种激素，男性雄性激素要多些，女性则反之。

相比之下，雄性激素的力量是非常强大的，它是一种掠夺性的荷尔蒙，我们可以把它理解为兴奋剂的一种。因为这种激素的存在，男孩的特征开始变得明显。

当男孩还是一个胎儿的时候，体内的雄性激素就开始分泌。

一般到了4岁时，雄性激素激增，男孩就会表现出很多与女孩截然不同的特征，比如开始变得淘气、好动，喜欢去破坏、冒险，具有攻击性。

到了11—13岁的阶段，男孩体内的雄激素含量再次急剧上升，促使男孩的身高增长，体重增加，还会出现胡须、喉结等男性特征。也正是这个原因，会让这个时期的男孩看起来更暴躁、好辩、情绪起伏大，喜欢影响和控制别人。这并非他们变坏了，而是他们正在努力适应一个全新的自己。

既然这是大脑的一种天性，父母要做的是顺应这种天性。

很多父母可能要问，难道对男孩的攻击行为，我们除了接纳，不要管束吗？当然不是，父母肯定要进行引导和管束，只是要讲究科学性和合理性。

既然男孩喜欢打架，那就让他学会怎么"打"。当看到男孩在不断闹腾时，不要急着去指责，而是可以参与进去，在一起的打打闹闹中，通过互动让他们明白轻重，切身体会到被打的难受，对别人的情绪感同身受，才能慢慢习得更温和恰当的方式，而不是把自己的行为和意志凌驾他人之上。

另外，还可以给孩子制定一些"打架游戏"的规矩，比如不攻击弱小、不能击打要害部位，再告诉孩子游戏的规则或者怎么"打架"会更好。

"那位小妹妹伤心地哭了，因为她的小皮球掉水里了，你可以安慰一下她吗？"

"那位小哥哥摔倒了，你看他的腿都被划破了，一定很痛吧？"

……

在儿子小的时候，当看到他人摔倒、受伤或苦楚时，我便经常和他描述他人的情绪，这对孩子有着意想不到的教导效果。这个过程也很奇妙，当孩子尝试描述或体会别人的情绪时，大脑会出现与对方相似的情绪脑波，这是大脑的镜像神经元在起作用，继而也就能培养出对他人的同理心。

在雄性激素的影响下，男孩比女孩的活力更充沛，精力更旺盛，这使得他们的大脑注意力不集中，并且整天动来动去，让他们停下来几分钟是件很困难的事。这时候，一些家长会一味责怪孩子不听话，或是强硬要求孩子安静下来，其实这是对其天性的一种压制，很容易引起孩子反抗。

我的建议是，最好保持男孩子每天有足够的运动量，跑步、打球、游泳、健身操等都可以，这可以把他们因为激素变化引起的躁动释放出去。而且，运动会增加多巴胺、血清素和肾上腺素等神经递质的分泌，前额叶皮质细胞和海马体的细胞也会增加，进而提升孩子大脑的全方位状态。

运动之后男孩会是什么状态？你会发现，他们能更好地安静下来看书或者写作业。因为他们的精力已经释放了很多出去，不会再闹腾了，而且记忆力和专注力都增强了。

男孩骨子里都是好战的"勇士"，多点耐心，多点关爱，会有意想不到的惊喜。

03/ 男孩身体强壮，大脑却更脆弱

"男孩要有男孩样，就应该顶天立地，什么都不怕。"

"别哭了，男孩哭鼻子丢死人了，人家都会笑话你的。"

"自己的事情自己做，男孩迟早要学会担当，不能依靠别人。"

……

在有男孩的家庭中，一些家长在孩子受伤、受委或者遇到困难时，总是这样对孩子说，你是否也是其中一员？

这令我常常在想，我们真的了解男孩吗？

一直以来，我们总认为男孩是勇敢和坚强的。这的确有一定的道理，因为男性的雄性激素会促进脂肪转化为肌肉，比如整体上男孩的肌肉量比女孩多30%，男孩的红细胞数量远远超过女孩。这些先天差别，让男孩在生理上比女孩更强壮。但你知道吗？就大脑而言，男孩却比女孩脆弱得多。

无论女孩，还是男孩，大脑的发育都要涉及额叶、颞叶、前额叶、边缘系统等，但其各自的发育又存在一定的差异。比如，男孩大脑中的额叶没有女孩活跃，也没有女孩发育得早，所以他们的自制力较弱，大脑更容易受到外界环境的影响，情绪起伏较大，易急躁易激怒，经常紧张焦虑等。

图7-2 男性与女性的大脑"反差萌"

女孩还拥有更多的雌性激素和后叶催产素，这些化学物质直接影响着语言智力，影响孩子大脑处理语言信息的水平。与之相反，男孩的血液中的后叶催产素含量较少，大脑对语言的重视度不高，导致男孩往往缺乏情感表达的技巧，一旦遇到消极情绪，几乎不知道该如何发泄与排解。

科学研究显示，男孩大脑的发育速度明显慢于女孩，语言发育水平更是普遍迟于女孩。比如在幼儿时期，很多女宝开口说话都比男宝早；5岁男孩的表达能力差不多和3岁半的女孩在同一水平上，读写能力也会迟上一年到一年半左右，所以低年级的男孩在静坐或谈话时的学习效果往往不佳。

看到了吗？在大脑方面，男孩比女孩在早期更弱势，更需要体谅与呵护。

从小就给男孩灌输"不要哭""不要怕"的观念，将男孩的脆弱看成一种罪过，甚至错误地将女子气混为一谈，对孩子会有什么影响？据我观察，不少男孩为了不表现得软弱，不得不压抑不良的情绪，即便有泪水也不能随便流，结果负面情绪不断累积，男孩的内心又能承受多少呢？

一位男孩总是独来独往，不擅长交际，甚至很难和自己的亲人表达自己的关怀和柔情，这让他备受折磨。后来他和心理医生诉说，自己1岁多时父母离异，妈妈在生活中忽然消失了，带走了所有的关爱和温情。后来，为了抑制内心的忧伤和痛苦，他的大脑选择关闭了处理情感的区域。

遇到苦恼的事情和问题时，我看到多数男孩都会闭口不言，自己默默地死撑，这是很让人心疼的。孩子大脑发育的过程，也是人格、心智成熟完善的过程。虽然男孩和女孩有别，但是不能因为是男孩，他在成长中就要承受得更多，这是错误的。毕竟，每个人都有脆弱的时候，男孩也一样。

是时候让男孩释放一下情绪了，去呵护男孩的心理需求，像呵护女孩一样，允许他们暂时的脆弱和哭泣，给予充分的接纳和情感支持，而不是粗暴地嫌弃与惩罚。你要让男孩知道，不需要在你面前掩盖自己脆弱的感情，只要他觉得有情绪需要释放，那么他完全可以尽情地进行表达和发泄。

很多男孩不善于语言表达，不知如何表达清楚自己的想法，此时父母需要多陪伴、多接纳，即使他发音不标准，或者是结巴，也要做到不批评、不指责、耐心听、多鼓励，这样不但可以让孩子有机会去处理负面情绪带来的伤痛，而且在反复的刺激下，参与语言表达的大脑区域会变得更活跃、更灵敏。

在16岁以前，男孩的发育成长普遍慢于女孩，看起来有些笨拙和幼稚。所以对于男孩的教育不要操之过急，不能脱离实际。在这段时间家长们不如多些耐心，接纳孩子独特的个性和差异，对孩子进行更深层次的了解，然后采取科学合适的方式进行养育，慢慢地陪伴他一天天成熟起来。

最终你会发现，给予男孩更多的关注和关爱，并不影响他将来成为真正的男子汉，相反他会变得更加勇敢、有力量、有担当。

04/ 和女儿之间要多谈心，才能心连心

孩子在成长过程中常会遇到困难，虽然这些刺激有助于维持和改善大脑功能，但也有可能给大脑带来消极的影响。

比如，不同程度的学习困难，容易让孩子丧失学习兴趣和热情，对学习索然无味，产生烦恼、沮丧及变得孤独。一旦形成这种消极的思维定式，要扭转过来是非常困难的。

对于女孩而言，更是如此。为什么这么说呢？

我们知道，大脑左右两个半球是通过胼胝体相连的，胼胝体负责两半球之间的信息传输。而胼胝体由神经纤维构成，这种纤维叫作"前连合"，这是一种白质纤维，与本能和情绪密切相关。据调查，女性的前连合明显大于男性，所以女孩在情感反应方面更为敏感，情绪活动丰富，也较为不安定。

这种特性在3—5岁的孩子身上，就能明显地表现出来。当妈妈不开心的时候，即便没有发脾气，通常女孩也能敏锐地觉察出来，她们会观察妈妈的表情，顾及妈妈的感受，还可能会乖巧地安慰妈妈。男孩则表现得迟钝笨拙一些，不太会察觉和顾及妈妈的感受，更擅长于发泄自己的情绪。

女孩感情细腻丰富、感觉敏锐，更注重与他人之间的关系，与朋友、同学闹矛盾，发生小摩擦时，她们常会左右为难、闷闷不乐；面对学习和生活中的难题，女孩往往会不堪重负，更容易妥协或放弃；面对父母的不理解和不支持，女孩虽不擅长反抗，却会把郁闷情绪积压在内心深处……

身为父母我们都应知道，积累太多坏情绪而无法倾诉和排解是件很危险的事。所以，女孩父母的任务越发显得艰巨，不仅要关注孩子的学习成长、身心发展，还要引导她们适时排解内心的情感。一个办法很有效，也很常见——多与女儿谈谈心，这是一种深入的心与心之间的沟通方式。

我认识一位女企业家，她性格开朗、独立坚强、热爱生活，是优秀的时代女性。谈及自己的成功秘诀，她如此回忆："当我学习受挫时，生活不愉快时，心情郁闷时，母亲都会主动找我谈心。我们从学习聊到理想，从坚持聊到将来，从选择聊到人生……每次和母亲谈心后，我都觉得浑身充满了力量。直到今日，母亲和我并排躺在床上，手挽着手谈话的情景，依然历历在目……"

一个优秀的女孩，往往就是这样成长起来的。通过与父母的每一次谈心，她们被看到、被理解、被懂得，学会了自信、乐观、豁达、坚强，然后更积极地为实现自己的理想而努力。同时，无数事实也证明，经常与父母谈心的女孩，与父母之间的关系是亲密无间的，会拥有良好的人际关系。

和女儿谈心有这么多好处，但真正做得好的家长并不多。比如，边玩手机边与孩子聊天，或认为这只是小事胡乱敷衍，甚至中途随意地打断孩子，这会导致孩子说不出或不

想说。在亲子沟通有障碍的家庭里，孩子反感甚至拒绝与父母交流的原因大多是："我不想和你说话，说了你也不会听。"

在和女儿谈心的时候，家长要暂时放下正在做和正在想的事情，目光平和地注视孩子，给予孩子充分表达的时间和空间。还要专心地倾听，仔细观察孩子的脸部表情、说话的声调和语气、手势以及其他肢体动作等，并恰如其分地做出微笑、点头等反应。同时以简短的话语，"你的想法太好了，请继续说""你很生气自己被冤枉吗？"……将孩子的想法和感受引导出来。

当家长做到这些时，不必担心女儿不"领情"。左脑主管言语，右脑主管情绪，女性连接左右脑的胼胝体多而粗，比男性多30%左右，几乎在同时使用左右脑。此外，女性大脑的杏仁核与处理语言及其他高级功能的区域有着密切联系，这就使得女孩愿意且能够自如地表达和分享自己的内心感受。

05/ 女孩耐力更优于男孩的大脑奥秘

男孩和女孩相比，究竟谁更出色呢？

这是一个无解的难题，因为男女天生各有优势。比力量，女孩可能天生不如男孩大。比体力，男孩通常也比女孩强。比爆发力，男孩普遍也比女孩强。如果比耐力，男孩大多数时候都会输给女孩。比如，女孩们可以长时间地专注于一项任务，让男孩们安安静静坐下来吃一顿饭都很困难。

"细心""耐心""脾性温和"，这些词语可谓女孩的专用词。那么，为什么女孩耐力普遍更优于男孩呢？这同样源自大脑的作用。

来自外界的各种信息，都是通过神经传递给大脑的。这时，大脑通过神经感受到外部的刺激，就会产生一种压力荷尔蒙，我们也可以理解为"脑压力"。在"脑压力"的影响下，大脑就会参与指挥或协调体内的各种激素发生改变，进而进一步影响到人体内各种器官之间的协调工作。

其中，当"脑压力"过大的时候，大脑就会抑制血清素的分泌，而当血清素分泌不足时，我们就难以保持平和的情绪，容易患得患失、脾气暴躁。平常我们常说的"疲劳"，其实就是大脑对血清素浓度降低的一种反应。相反，血清素的含量较高的话，则能抑制情绪急躁，使人变得和气温柔。

无论男孩，还是女孩，每个人血液中都有血清素，但比例有所不同。研究者调查发现，85%的女性血清素含量比男性高，并认为这正是女孩耐力优于男孩、比男孩温柔的奥秘所在。

虽然血清素的功能强大，但这也只是部分原因。还有一部分原因在于，女孩比男孩喜欢哭泣。我们常说女孩是"水做成的"，是因为大家都知道，女性是非常爱哭的。

伤心的眼泪、悔恨的眼泪、失望的眼泪……虽然哭泣解决不了什么问题，但众所周知，哭过之后会舒服好多。因为，哭泣不是一种自然的生理反应，而是需要大脑神经控制的。哭泣的时候，大脑会切换到副交感神经，让原本紧张的交感神经得到休息，如此更容易达到心理上的平衡。

情绪的耐力性，最重要的就是平和的心态。

接下来，问题就比较明朗了。

如果想提高男孩的耐力，一方面我们可以从血清素入手。健康的饮食习惯、定期锻炼身体、获取充足光照、保持乐观心态，这些对于增加血清素值有奇迹般的功效。另一方面，允许男孩有自己的情绪，也允许他们哭泣。重要的是给时间和空间，让我们的男孩发泄自己内心的各种情绪。

你会发现，这样的男孩心态更平和，更有耐力，更能克服学习中的波动，行动也更为主动。这其实就是正循环的开始。

第八章
关注"头等大事"，
大脑损伤不可逆转

大脑功能强大，又极其脆弱，稍有不慎就会受损，影响感知、记忆、思维、语言等的发展，而且这种损伤不可逆转。科学合理地用脑护脑，从发育期开始做起，越早越好。

童年创伤将导致大脑"变异"

大脑是人体内结构和功能最复杂的器官，我们的一切生理活动都是由大脑支配和指挥的，但它也是人体最脆弱的组织，非常容易受到损伤。比如，经常熬夜、饮食不良、长期抽烟、光照不足等，这些无法让大脑保持好的状态，长久下来，也会导致大脑的反应、调动、组织等功能有所下降。

不过，最容易损害大脑的是童年创伤，这堪称大脑健康的头号"杀手"。

这是为什么？一切源自大脑和身体的"应激反应"。

前面我已提及过"应激反应"，这与"下丘脑—垂体—肾上腺轴"有关。这一系统是如何运行的呢？想象你在森林里突然遇到一头狼，此时下丘脑会立即将这一"消息"发送給垂体，垂体再将"消息"传送给肾上腺，而肾上腺可以分泌多种激素，促使心脏快速跳动，瞳孔扩张，呼吸道打开。

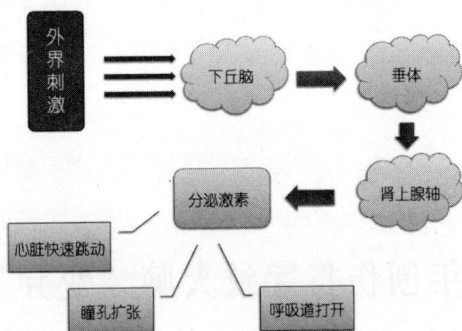

图8-1 大脑的"应激反应"

这个反应是大脑的防御系统，非常棒。但如果这个森林里还有一群狼，该怎么办？"应激反应"就将一遍遍地被激活，这种庞大的信息量与持续的高负载，会让孩子的脑细胞因迟迟得不到充分休息而加速"衰老"的过程，进而影响大脑的结构和功能，以及正在发育的内分泌系统。

脑细胞的"衰老"又是如何影响大脑的呢？根源在于，脑细胞代谢产生会产生自由基、乳酸、β-淀粉样蛋白等有害物质。

自由基化学上称"游离基"，能通过氧化作用"攻击"

人体内的大部分细胞，使细胞之间无法连接，甚至发生断裂，比如降解脑脊液中的多糖结构，从而对细胞结构造成严重破坏，引起细胞功能的极大紊乱。在自由基的侵害下，脑细胞就像战场上不堪一击的老弱残兵，大脑也就慢慢萎缩了。

接下来，再来说乳酸。在这里，乳酸不是我们常喝的酸奶，而是一种代谢废物。大脑属于优先供血供氧的器官，乳酸是由于没有完全氧化导致的一种代谢废物，所以会造成大脑血液循环的不畅，引发脑细胞的缺血缺氧，进而引发大脑产生疲劳、思路中断、出错以及记忆困难等症状。

神经元之间能够相互"通信"，靠的是神经递质的传递，谷氨酸是十分重要的一种神经递质，用于激活连接的神经元。研究人员发现，β-淀粉样蛋白分子可阻止谷氨酸转运出突触间隙，进而破坏神经元之间的连接，兴奋在神经元之间不能以神经冲动的形式进行传递，大脑就无法正常工作。

相对成人而言，孩子是弱小的、脆弱的。早年遭受的不幸，会不停地启动应激反应系统，不停地产生"代谢垃圾"，长此以往，就会导致应激系统失调，这不仅会影响孩子的大脑发育，还会影响孩子的身心健康，后果不堪设想。

　　娜丁·伯克·哈里斯是国际知名儿科医生，一直致力于童年不良经历的研究，通过多年的临床实践和3万份案例研究，他发现：童年遭受过不良经历的人发生学习障碍和行为问题的概率会增加32.6倍，患冠心病、癌症等重症患病率增加3倍，焦虑症、抑郁症等心理疾病患病率增加4.5倍。

　　说到童年创伤，不少父母以为只有被虐待、殴打才称得上创伤。其实不然，创伤可能是父母一句伤人的话："你看看别人，怎么就你不争气""你笨得跟头猪一样"；也可能是父母因工作忙、心情差而忽视孩子，甚至当着孩子的面吵架，将压力在孩子面前进行宣泄，这些都是对孩子大脑的伤害。

　　为人父母，你忍心给孩子一个千疮百孔的童年吗？是时候改变了。

01/ 多少人终其一生，
都是在弥补童年遗憾

你的童年有遗憾吗？

这是我在某网站发起的一个话题，短短一周的时间，话题底下就出现了1万多条回答，浏览量超过3500万。看着留言，我发现每个人的童年多少都会有一些遗憾。具体的可能是玩具、衣服等物质遗憾，抽象的可能是情感、自由等心灵遗憾，而这些遗憾似乎不会随着时间的流逝而"算了"。

"我是妹妹，有个姐姐，从小我就穿姐姐的旧衣服，就连过年都是。长大后自己有了钱，就疯狂地买新衣服，而且经常穿一两次就扔掉。"

"父母总是要求我听从他们，就算有时候意见不合，有争吵，他们也总有办法让我妥协。以致现在的我唯唯诺诺，不敢在人前表达自己。"

还有电影《被嫌弃的松子的一生》，松子小时候长期被爸爸忽视，所以长大后不断追逐别人的爱，一次次飞蛾扑火，最后失去了宝贵的生命。

……

你发现了吗？童年时留下的遗憾，长大后往往会拼命补偿自己。

这出自大脑的补偿性心理机制，所谓补偿性心理机制，是大脑维持内部平衡的一个基础机制。我们知道，大脑喜欢轻松、愉悦的感觉，而抗拒紧张、痛苦的感觉，当我们感到紧张、痛苦时，大脑为了让自己舒服，就会分泌多巴胺等化学物质，通过另外一件事情或者另外一个行为寻求快乐。

这是大脑的神经平衡机制，也是大脑的自我防御系统。那么针对这种心理性补偿机制，我们应该有一些什么样的启发呢？

每个人都想拥有喜欢的东西，这不过是人之常情。所以，当孩子鼓起勇气说出"想要"那两个字时，不要轻易说"不"，请正视他们的需求，适当满足他们的渴望，并选择最合适的处理方法。用爱和理解，满足孩子心中名为"需求"的空洞，这是让孩子拥有恒久安全感和幸福感的前提。

比如，该不该让孩子吃零食？这是一个令许多家长苦恼的问题。许多孩子对零食丝毫没有抵抗力，但家长们总有各种各样的担心，比如怕孩子会吃坏肚子，会不好好吃饭，会营养不良，或者对零食上了瘾，想戒也戒不掉……这样的担心有一定道理，但一味地阻止孩子吃零食并不明智。

其实，我们可以换种更好的方式，比如孩子想要什么零食，只要是健康和安全的，就适当地满足他；准备水果、坚果、豆制品等当零食，也可以自己动手自制放心小零食；把买来的盒装冰激凌分装到制冰盒，一次只给孩子一小格，既满足了孩子吃零食的欲望，又不会伤害孩子的幼嫩肠胃。

满足感是大脑中枢所反映出的一种精神感受，这种强烈的积极感可以促进大脑的思维活跃，使整个神经都得到锻炼，从而提高思维的活跃度。

适当地满足孩子，还有利于大脑创造自我意识的感知。经常否定孩子的需求，甚至质疑和批评孩子，往往大脑感知力会下降，导致孩子只能看到自己的缺点，将过错归咎到自身。长期处在这种状态下，根据心理性补偿机制，他们就会迫切希望证明自己，容易出现叛逆、暴力等不良行为。

有一则救助暴力儿童的视频，视频中的一个10岁男孩极其暴力，有一点不悦就举起胖乎乎的拳头砸人。育儿师让男孩在椅子上安静地坐10分钟，那孩子却不停地咒骂，在地上打滚，脱鞋又脱袜，试图威胁育儿师。育儿师没有生气，轻轻地将男孩扶到椅子上，微笑着告诉他暴力是不对的。孩子依然不甘地挣扎，一旁的父亲始终一张铁青的包公脸，皱着眉头，脸上露出一种厌恶的神情。

我猜想到了孩子变成这样的原因，无非是他渴望被关注、被关心而已。

在《正面教育》一书中，著名心理学家珍·尼尔森博士指出："孩童的两大主要需求是归属感和确认自己的重要性。"孩子一开始不确定自己是谁，靠着父母对他的反应和评价，建立自我形象和自我观念。当没有得到足够的爱和尊重，孩子就会不断发出疑问，我值得被爱吗？有些孩子之所以犯错，就是为了吸引父母关注，希望得到更多的爱，这就是孩子安全感不足的问题表现。

育儿过程中父母的职责，就是为孩子的健康成长创造良好条件，这需要我们细心观察孩子的行为表现，多多关注孩子的内心想法，积极回应孩子的各种诉求，多鼓励、多肯定、多信任等，这些都可以让孩子感觉是安全、满足的，内心是丰盈、充满勇气的，为个人的成长奠定稳固基础。

在婴幼儿和孩童早期发展中，一旦归属感和价值感获得充分满足，孩子会更加自信大方、乐观豁达、抗挫折能力更强，在人生道路上走得更稳、更从容。

请坚信，每个孩子都值得被用心对待。

02/ 自闭症儿童大脑的
上升通道被提前"关闭"

在这个世界上有一群特殊的孩子，他们有一个美丽的名字——"星星的孩子"，因为他们的内心让人难以理解，孤单得就像一颗星球。

是的，他们患有"自闭症"。

孩子有哪些特征可能是得了自闭症？主要表现如下：

说话迟、说话少，比如两三岁还不会说话；

会说会用的词汇有限，说话有如木偶一般，十分机械化；

对外界事物不感兴趣，喜欢沉浸在自己的世界里；

不大察觉别人的存在，对别人的说的话没有反应；

很难理解那些没有实体、不能感知的"虚"词，如梦想、未来；

喜欢重复刻板的动作，比如反复开关门，不停地转盖子等；

……

一提到"自闭症"，许多人会称之为"天才病"。因为在电视电影、传媒报纸上，我们常会看到关于自闭症天才的描述，比如雨人具有超强的记忆力，阿甘是个数学天才及运动天才，"儿童画廊"里一幅幅五彩斑斓的画作……但很遗憾，这不代表自闭症患者都是天才，也无法掩盖疾病本身的残酷。

自闭症也叫孤独症，是一种涉及感知觉、语言、思维、情感、动作与行为等多方面的大脑发育障碍，也是儿童大脑发育障碍中最为常见和典型的一种。

有些孩子为什么会得自闭症？自闭症的确切病因尚不清楚，但是大脑的上升通道被提前"关闭"，在该病的发展中扮演了非常重要的角色。

在孩子刚出生时，由于脑部神经尚未分化完成，大脑看起来如同一张粗略的"简图"。当与外界有了"交流"，大脑不断受到刺激，就会开始搭建各种神经通路，这相当于在"简图"上搭建起了公路网，让车辆有路可走。儿童的大脑可塑性很高，越多地进行感官体验，越能促进神经通路的发育，越有利于大脑处理感官信息，并构建孩子对世界的认知，从而促进技能的发展。

当感知觉方面出现问题时，往往会导致大脑内出现感知上的"失联"。比如，能感觉到浑身没有力气、肚子"咕噜咕噜"叫，却不能将它们拼凑在一起，组合为"饿"。正是这种感知上的"失联"，神经通路无法实现上行传导。大脑皮层接受被刺激部位产生的神经冲动才能形成相应的感觉，神经通路无法将"信息"传导到大脑皮层，大脑就无法进行"信息"的识别、分析及整合。

这就导致了自闭症的孩子，拥有与普通孩子不同的学习曲线，他们往往更关注细枝末节，却牺牲了更广阔的特征。一个事件发生了，有时候它只是发生了而已。

"信息"不断刺激神经元，而不能传导出去，树突就会异常过量生长，这就如同交通枢纽处车辆过多导致的交通堵塞一样。据研究，自闭症儿童脑部比正常儿童大，树突就像发了炎的踝关节一样肿胀！渐渐地，那些还没有完全连接好的神经回路也会因"用进废退"封闭起来，造成全面性的发展失常。

据最新研究报告显示，全球每54名儿童中就有1名自闭症患者。

这是一个非常可怕的数据，一个问题是，轻度自闭症的孩子症状并不典型，部分家长误以为孩子只是性格内向使然，完全未联想到孩子或许有自闭症的倾向。而大脑的上升通道一旦被提前"关闭"，使得神经元之间的联结"固化"，神经回路过早封闭，这对大脑是不可逆转的伤害。

虽然自闭症至今尚无特效治疗办法，但一定要做到早发现、早治疗。越早干预，改善程度越明显。因为3岁前的大脑发展非常灵活，并且可以被学习经验塑造。通过不断的干预和学习，可以激活神经元的连接功能，建立并强化出更多的神经通路，快速传递"信息"给大脑，并出现协作机制。

缺乏关爱和交流，是自闭症的重要病源。父母是孩子感知世界的引领者，对孩子大脑发育的影响非常大。如果父母教养不当，如不能跟孩子好好地沟通，甚至有暴力的倾向，让孩子长期处于压力过大的状态，都会让孩子恐惧这个世界，增加大脑"关闭"的可能性，朝着自闭症的方向发展。

积极创设与孩子交流的机会，保证每天开展有效的谈话活动，考虑到孩子的注意力方面，时间控制在15至20分钟内即可。众所周知，大脑喜欢愉悦的感觉，给予孩子足够的爱和陪伴，这会重塑大脑的奖赏系统，激发更高的活跃度。大脑的活跃程度越高，语言表达力、反应力及记忆力等水平就越好。

自闭症儿童的最大障碍，就是缺乏交往能力，与人接触少、感官刺激少。积极为孩子创造交往空间，鼓励孩子与同龄人交往，多带孩子走出家门，多见识、经历外面的世界，进行多项感官的体验。同时，教给孩子必要的社交技能，如如何与人打招呼、如何开始话题、如何进行对话等。

不要因为误解、拖延和等待，让孩子永远留在孤独的世界。

03/ 大脑也有报警系统，解密孩子为什么会害怕

每个人都会有害怕的东西，孩子更是不例外。他们会害怕突然的大噪音，如打雷声、暴风雨、气球爆裂等；害怕虫子、狗、鸟等动物以及体型庞大的动物；晚上不敢一个人睡觉，必须要把全部的灯打开；怕被同伴拒绝、嘲笑；害怕跟陌生人聊天，看到穿特殊服装或戴面具的陌生人会紧张……

孩子为什么会有这么多害怕的东西？对于正常成年人来说再正常不过的小事，在小孩看来可能就是了不得的大事。不少家长担心，孩子总说害怕正常吗？

我很明确地说，孩子在童年的某个阶段害怕特定的事物是很正常的，因为恐惧是大脑中发生的一种连锁反应，当受到外界某些事物或情境强烈的刺激时，神经中枢会产生神经冲动，并传导神经冲动，引发身体释放出多种化学物质。而

这些化学物质会导致心跳加速，呼吸加快，肌肉紧张等。

现在，我们就一起了解这一"吓人"的秘密。

丘脑是感觉的最高级中枢，接收除嗅觉外的所有感觉信息，由此发出纤维投射到大脑皮质的各感觉区，堪称大脑的信息"闸门"。当接收到外界刺激时，丘脑会将信息进行分类整理，然后将意识下的"威胁"信息传入杏仁核或感觉皮层，在大脑中形成两条不同的通路——"低路"和"高路"。

"低路"是这样运转的，丘脑直接将"威胁"信息传递给杏仁核。杏仁核是边缘系统的重要组成部分，是产生、识别和控制情绪的脑部组织，对异常的情绪如恐惧尤其敏感。一感知到带有恐惧性的情绪，杏仁核就会广泛投射到其他脑区，快速激活躯体的防御反应，即"战斗或逃跑"反应。

简单来说，"突然被吓一跳"就是低路进程引发的结果，这是大脑采取的一种防御机制，不管会发生什么，大脑会时刻准备着"战斗"或"逃跑"。

相对而言，"高路"却会精确传导。当丘脑将意识上的"威胁"信息传递给感觉皮层时，感觉皮层会先对信息进行分析，并把信息传递给海马体以评估信息发生的背景，如："我以前遇到过类似的刺激吗？如果有，上次是什么情况？是否有威胁？"然后，再指导杏仁核进一步加工，产生高级的防御反应。

比如，远处轰隆轰隆的雷鸣声、突然响起的鞭炮声。海马体综合考虑信息之后才会得出结论，告诉杏仁核没有危险，再由杏仁核告诉下丘脑关闭"战斗或逃跑"反应。高路比低路的运作要复杂得多，但所需时间并不比低路长多少。所以，我们会有一刻出现恐慌情绪，但又能很快镇定下来。

当我们了解了恐惧产生的机制，对于孩子的害怕情绪就会安心很多。不过，儿童时期大脑尚未发育完全，感觉皮质缺乏整合能力，当感受到强烈的恐惧情绪时，他们会被恐惧感笼罩很长时间，进而缺乏安全感，变得沮丧、不自信或具有攻击性，所以当孩子害怕和恐惧时，依然不容忽视。

对于低幼的孩子来说，当害怕和恐惧恐情绪来临时，最好的情感支持来自父母的情感联结。比起"这没什么好怕的"，或给孩子贴上"胆小"的标签，倾听孩子的害怕，认同他们的感受，感同身受地回应，哪怕只是一个拥抱、一个吻，更能降低外界对丘脑的刺激，帮助孩子建立安全感。

为什么孩子比成人更容易害怕？这与孩子的认知水平、生活经验不足有关，由于大脑尚未发育完全，他们还不能正确解读环境中的压力与不确定性，又很难分清现实与想象的区别，比如，认为闪电打雷是妖怪在作怪，会把黑暗中的阴影想象成怪物，最好的方法就是帮助他们了解各种事物和

现象。

儿子从小胆子就大，但也有害怕的东西，比如害怕毛毛虫，一看到毛毛虫他就会大喊大叫，这种恐惧让他无法尽情享受户外活动。为此，我在一个透明箱子里养了几只毛毛虫，鼓励儿子观察毛毛虫成长的过程。最后看到毛毛虫结了蛹，又变成了美丽的蝴蝶，儿子惊叹了好久，不仅对于毛毛虫的恐惧消失了，而且逢人便叙说这段有趣的经历。

和儿子不同，女儿自幼就胆小，尤其害怕雷声，一听到雷声她就会扑到我怀里，瑟瑟发抖。尽管我告诉她这是一种自然现象，打雷时，关了电视，离窗子远点就没事了，情况依然没有好转。后来我试着了解女儿害怕的原因，她怯怯地问："雷声是妖怪要来了吗？它会不会把我们抓走？"

为了让女儿不再惧怕，我用比较生动的语言模拟了打雷场景："在跟小朋友玩耍的时候，你不小心碰到对方会怎样？身体是不是会发出'砰'的一声？其实打雷，就是两块云宝宝玩得太兴奋，不小心撞到对方发出的声音。"接着，我和女儿玩起了互相碰撞的游戏，最终她"战胜"了雷声。

简单地说，孩子的害怕往往来自认知不足，对恐惧的东西缺乏了解。然而，回避不能解决问题，要让孩子学会直面恐惧。

好好想想你家孩子平时惧怕什么？把那些容易触发孩子

恐惧信号的因素，融入体验游戏场景中，通过环境和人的积极互动，让孩子的大脑经历整合信号的过程。"哦，原来这件事没有那么危险，还不用启动我的恐惧警报系统。"这种"高路"传导，会让孩子建立自信心，进而战胜恐惧。

随着年龄的增长，大脑的功能会日趋成熟，加深对各种事物和现象的认识，孩子们也会随之变得逐渐勇敢起来。不过这需要时间，切莫心急。

04/ 大脑会被累坏，劳逸结合很重要

每天多学一节课，

一月多学四天多，

一年增加半个月，

三年就有大收获。

这段话听上去满满的"鸡血"，你被误导多久了？

如今社会竞争激烈，家长们都有着一颗望子成龙、望女成凤的心，都希望自己的孩子能够出人头地。很多家长严格要求孩子的学习成绩和休息时间，督促孩子"两耳不闻窗外事，一心只读圣贤书"，甚至把体育锻炼、休闲娱乐的时间全都用在学习上，每天在小台灯下做各种习题一直到深夜。

　　要搞好学习，不用功怎么行呢？你以为孩子学习时间越长，效果就会越好？可是结果呢？尽管孩子兢兢业业地学习，孜孜不倦地熬夜，然而学习成绩往往会与家长的期望背道而驰，即使有所提高，但相对付出的时间、精力来说也是不成正比的，甚至他们会将学习视为没有乐趣的"苦役"。

　　为什么会这样？我们需要了解大脑的工作原理。

　　当受到外界刺激的时候，大脑皮层中的神经中枢会活跃起来，使相应区域的兴奋状态占优势，由此在大脑皮层中形成优势兴奋灶，同时还会将大脑皮层其他兴奋点的兴奋性吸引过来，以加强本身的兴奋性。在兴奋状态下，神经元能在短时间内释放大量神经递质，从而提升大脑的灵活程度。

　　然而，大脑是人体最容易疲劳的组织，处于信息的不断刺激之中，让大脑长期处于兴奋状态，消耗过大而摄入不足时，脑细胞的功能活动就会降低，进入一种抑制状态，以防止进一步的损耗，这种"超限抑制"是大脑皮层的自我保护抑制。此时，如继续超时学习、工作，就会造成大脑损伤。

　　研究发现，对于10岁之前的孩子而言，大脑的兴奋周期不会超过55分钟，即便是自己喜欢做的事情；而10—12岁之间的孩子，兴奋周期也不会超过75分钟。一旦连续的学习时间超出这一周期，大脑就会自动进入抑制状态，表现为眼神呆滞、反应迟钝、记忆下降，学习效率低下。这就是有的孩子坐在书桌前埋头苦学,一学就是几个小时,却越学越没有动力、效果越低的原因。

这并非因为孩子的大脑尚未发育完全,我们成人也是一样。如果让一个成人连续开几个小时的车,或是不间断地工作好几个小时,再强壮的人也会感到身心疲累,工作效率也会降低。这也就是国家为什么规定8小时工作制的原因。不管是孩子还是成人,长时间地用脑,肯定会引起疲劳与懈怠。

学习效率的提高需要清醒敏捷的头脑,最重要的一条就是劳逸结合。就像任何一个人都不可能把所有时间都用于工作一样,任何一个孩子也不可能把所有的时间都用在学习上,他们也需要睡眠、吃饭、运动、娱乐等,这样才能让大脑及时获得休息,在某一时间段保持高效的学习状态。

因此学习时长要适度,当孩子出现疲倦感时,应及时采取积极有效的休息措施,保证大脑兴奋和抑制状态的交替进行,即做到"劳逸结合"。

比如,与孩子一起制定作息时间表,把每天的学习任务分成几段时间。大脑在接受某一类新信息时,前半个小时最兴奋、最活跃,学习效率最高、效果最好,因此时间段以半小时为宜。除了学习时间外,还要安排好锻炼身体时间、睡眠时间、文化娱乐时间等,这要比连续学习的效果更好。

如同工作中的岗位责任制一样，大脑每个部分都有精确的"分工"，大脑皮层的不同部位执行着不同的任务，当从事某一活动时，只有相应部分的神经元处于工作状态，其他部分的神经元则处于抑制的休息状态，大脑皮层即形成了兴奋区与抑制区—工作与休息互相镶嵌的复杂方式。

根据大脑的这一生理特点，我们还可以利用兴奋区与抑制区的交叉，比如利用脑力与体力活动的交替，将不同的教学科目、不同性质的课程予以交叉安排，使疲劳的大脑得到很好的放松和休息，延长孩子大脑的兴奋时间。大脑若能一直保持高度集中，孩子也就容易达到最佳学习状态。

比如，在给孩子制订学习计划时，我会建议孩子在计划中标明交替学习的时段，以每门功课复习45—60分钟比较合适，中间休息10分钟，再复习另一门功课，最好是将文理科的课程交替学习。比如，做一套数理化习题后，及时复习文科类科目，记英语单词、做语文作业等。

人的左脑侧重于逻辑与抽象思维，右脑侧重于形象思维，这是两个不同的神经区域。将文理科的课程交替学习能使大脑皮层中的兴奋，从一个区域转到另一个区域，使紧张工作的大脑左右半球轮流休息，不会疲劳。

同时，孩子的大脑尚未发育完全，在记忆相似的内容时往往受顺向抑制（原有的记忆会抑制后来的记忆）和逆向抑制（后来的记忆抑制原有的记忆）两种现象的干扰。一旦长时间、大量记忆相似内容事物，顺向、逆向抑制交互作用，就会使记忆消除，出现记忆迟钝的现象。将文理科的课程交替学习还能避免前后的学习内容相互干扰，并通过比较来促进理解、强化记忆，实现两科互相促进的学习。

另外，生理学家研究认为，一天之内大脑有四个黄金活跃期。

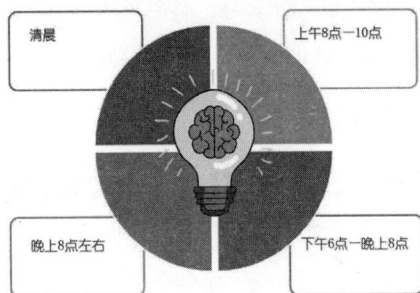

图8-2 大脑的四个"黄金活跃期"

清晨。清晨孩子起床后，大脑经过一夜的休息，脑神经处于积极活动状态，没有新的记忆干扰。此刻无论认还是记印象都会很清晰，学习一些难记忆但必须记忆的东西较为适宜，如数学公式、定律，外语单词，历史事件等。

上午8点—10点。人的精力充沛，大脑易兴奋，严谨而周密的思考能力、认知能力和处理能力较强，此刻是攻克难题的大好时机，应充分利用。

下午6点—晚上8点，也是用脑的最佳时刻。此时，大脑的思考能力最敏捷。利用这段时间来回顾、复习全天学过的东西，分门别类归纳整理等都是非常不错的选择。

晚上8点左右，记忆力最强。利用这段时间来加深印象，特别对一些难于记忆的东西加以复习，则容易记住且不易遗忘。

在大脑的黄金活跃期学习，往往事半功倍。

05/ 全方位八项能力测评大脑发育水平

每个孩子的大脑都是不一样的，因为神经元之间的连接网络有所区别，这是一种允许多元化的发展模式，所以我不提倡给孩子做标准化、固定化的智商检测。但是从宏观上来看，大脑的基本组成部分是一样的，所以大脑的发育带有阶段性特征，不同时期（年龄阶段）有不同的发展水平。

这可在较短时间内掌握大脑的发育状况，更有针对性地去教育孩子，以帮助他们以更科学的方式学习、成长和生活，及时获得高质量的全面发展。

具体来说，我们可从以下八项基本智能入手。

测试项目	测试标准
运动智力，指能巧妙地操纵物体和调整身体的能力。	**阶段一：（0~2.5岁）** 孩子学会眨眼、摇头、坐、爬、站立、走、抓、打、推以及做出各种脸部表情等。 **阶段二：（2.5~5.5岁）** 孩子将具备基础的运动机能，包括跳、跑、踢、抛、接、滑动、转动等，而且手部的动作更灵活，能完成系扣、折纸、穿珠子等精细动作。 **阶段三：（5.5~10岁）** 这一阶段为过渡性机能运动期，孩子的跳、跑、踢、抛、接、滑动、转动等能力会得到综合运用和发展，手眼、四肢等能协调运动，比如骑自行车时可以保持身体平衡。 **阶段四：（10岁+）** 10岁以后，孩子进入特殊运动才能阶段，开始根据喜好选择足球、篮球、铅球、跳高等运动项目。
言语智力指的是个体通过听、说、读、写能力进行言语思维，描述事件、表达思想并与人交流的能力。	**预备阶段（0~1岁）** 在这个时期，孩子会主动吸取词语信息，并在大脑中进行存储和初步理解，由于孩子8个月左右时开始咿呀作语，这一阶段又称"先声期"。 **阶段一（1~1.5岁）** 这时期的孩子开始学习用语言表达自己的思想和要求，语言特色是说单字句，多用手势、表情作辅助，喜欢模仿自己听到的声音，就像回音一样，故称"回音语"。"回音语"一般持续到2岁左右消失，为正常。 **阶段二（1.5~2岁）** 孩子依然喜欢语言模仿，字句也会迅速增加，而且他们会将字词与实物建立连接，喜欢"物各有名"，故这一时期又称"称呼期"。 **阶段三（2~2.5岁）** 孩子已经能用语言与他人交谈，掌握基本的语法和语义，并开始展现独特的语法习惯，如用感叹句来表示感情，用疑问句询问等。 **阶段四（2.5~3岁）** 在这个阶段，孩子掌握的词汇量进一步扩大，而且可以掌握大部分的语法结构形式，理解部分词句的抽象关系，开始使用复杂语句，尤其喜欢各种提问，故称"好问期"。 **完备阶段（3~6岁）** 此时孩子会出现"词语爆炸现象"，可以较为顺畅地表达自己的情感，并能发挥想象创造性地讲述，逐渐形成真正的语言。

数理智力是处理一连串的数学运算、推理、识别模式和顺序的能力。	3-8岁是数理智力的黄金期，大脑正常发育的孩子可以进行简单的数学计算，按类有序地收集物品，并做比较和排列等，还喜欢在探索中感受求知的快乐。
空间智力指感受、辨别、记忆和改变物体的空间关系，并借此表达思想和情感的能力。	孩子一睁开眼睛，就开始利用视觉感知外界。当他们可以分辨人脸时，空间智能就萌芽了。 　　3个月左右时，孩子视觉的基本功能接近成人，已经可以区分不同颜色。 　　6个月以后，孩子开始具有大小知觉，能够区分物的大小；初步具有深度知觉，知道"怕摔"。 　　9个月时，孩子形成"客体永久性"的概念，即使不能知觉物体的存在，也知道它们是存在的，比如玩具丢了知道回头去找。 　　1岁半左右的孩子不仅可以区分简单的颜色、大小和形状，而且有了初步的方位感，能根据"在沙发上""在桌子下""在衣柜里"等，准确地做出反应。 　　2岁后，大多数孩子能进一步区别颜色、大小和形状的不同，能用积木拼搭房子、汽车、火车之类的常见物体，并且乐此不疲。 　　3岁的孩子空间智能会明显发展，他们能正确找出相同的几何图形，并用形状形容具体物件，如"圆形的盘子""三角形的屋顶"，还能分清前后、左右、上下等不同方位。 　　4岁的孩子会有较好的色彩感觉，对某些色彩特别喜好，喜欢拼图、下棋、走迷宫及类似的游戏。 　　6岁前的孩子能通过实物操作或其他方法进行10以内的加减运算。
音乐智力是指感受、欣赏、记忆、改变、创作和表达音乐的能力。	5-6个月的胎儿已经有感受音乐的能力，会对不同音乐做出不同反应，如听到优美的音乐会安静下来。 　　新生儿能感受不同方位发出的声音，并且将头转向音乐发出的方向。 　　2个月婴儿已经开始懂得欣赏音乐，2-3个月时学会区分音高，3-4个月能够区分音色。 　　6-7个月的孩子可区分简单的曲调，并随着节奏摆动手臂或轻摇身体。 　　1岁左右的孩子会随音乐节拍，运用不同部位灵活地扭动身体。 　　2-3岁时，孩子会开始选择自己喜欢的音乐，并随着哼唱或跳舞。 　　4-9岁是学习舞蹈和乐器的最佳时期，适当地强化能增强大脑的精细功能，让孩子的精力更集中，反应更快。

人际智力是与人相处和交往的能力，表现为能及时觉察和区分他人的情绪和意图，并做出相对应的调整。	能充分合理地表达自己的情绪，有较好的行为习惯； 富有同情心和爱心，会主动关心他人、帮助他人； 乐意把玩具或零食等，和小伙伴们分享； 参加活动或游戏时，能够很好地遵守规则，甚至很会维持秩序； …… 这些都是人际智力的表现，一般3岁的孩子开始进入"社会化"，所以人际智力会从3岁左右时凸显出来。
自我认知智力指的是个人对自己的了解和认知、对自身情绪和感受的认识与调节，以及自我评价、自我规划的能力。	自我认知智力源自自我意识的萌芽，最早出现在孩子两三岁时，这时的孩子常会通过"我的"划分自身和他人的界线、"我要"来充分表达自我意愿。 随着大脑的发育，孩子的认知能力迅速发展，开始意识到自己的能力，一般4岁左右的孩子都能学会基本的生活自理，比如自己吃饭、喝水，自己控制大小便等。 当进入童年期后，孩子的生活范围扩大，此时"自我认知"体现在对自己的样貌、性格、兴趣、同伴关系等有了一定的认知、评价和态度，开始在意周围人的反馈。 青春期的孩子受到大脑激素的影响，心理发展会出现急剧变化，既容易兴奋又容易低落，既喜欢依赖又喜欢反抗，既会自尊自傲又会自卑自弃等，此时家长需要理解和尊重孩子，及时给予必要的帮助，孩子才能正确地认知自己。
自然观察智力是认识和适应世界的能力。	这种智力在孩子身上的表现为： 喜欢观察周围各种各样的人和事物，包括动植物； 能够分辨出不同物体间的细微差别，比如颜色、味道、形状等； 知道分类要依据一定的标准，善于为不同的物体分类； 知道爱护花草树木，对各种小动物充满感情； 能适应不同的生活环境，比如搬家、更换学校； …… 这些能力会随着年龄的增长和大脑的发育而提高，并且越来越强大。

06/ 一份大脑健康的自我检测"指南"

为了科学掌握孩子的体质发展，不少父母会定期给孩子做身体检查，却常常忽略了如此重要却娇嫩的大脑。大脑作为人体最重要的器官，一旦出现问题，大都比较严重，甚至危及生命。而婴幼儿时期和儿童时期，正是大脑发育的关键期，直接影响着孩子智力的发展，需要特别重视。

下面是大脑健康的自我检测"指南"，快来看看你家孩子的大脑"达标"吗？

（1）孩子从小就有很强的好奇心，而且总喜欢问各种问题。

（2）孩子是否喜欢观察身边发生的变化？

（3）玩耍或学习时能快速进入状态，而且精力充沛。

（4）注意力不容易被打断，很少出现分心、走神的情况。

（5）孩子对学习的知识或发生的事记得快，也不容易忘记。

（6）遇到问题的时候，孩子能冷静分析形势，三思而后行。

（7）睡眠质量好，夜里几乎不会失眠、夜惊或易醒多梦等。

（8）孩子很少毫无理由地大哭大闹，或莫名其妙地发脾气。

（9）喜欢拆东拆西，而且喜欢自己动手做事情。

（10）随着语言能力的发展，孩子乐于表达自己的想法和需要。

（11）喜欢模仿大人的一举一动，包括语言、动作、神态等。

（12）拥有天马行空的想象力，常常让成人惊叹不已。

（13）喜欢挑战，一看到新鲜的东西，就想上去玩玩弄弄。

（14）喜欢被别人赞美，越表扬，表现得就越好。

（15）面对挫折和困难时，孩子也会较为坚韧地坚持下去。

（16）做事井井有条，时间分配得当，很少感到焦虑和懊恼。

（17）和同龄人一起玩耍时，孩子属于受欢迎的一类。

（18）能较快地适应新的环境，遵从新的规则。

（19）在睡眠和休息充足的情况下，不容易感到疲劳、大脑昏昏沉沉等。

（20）孩子的内心世界很欢乐，而且有满满的幸福感。

（21）对照上文的智力发育表，判断孩子是否达到标准？

（22）头围发育是否正常？头围是反映脑容量的重要指标，和身高、体重一样有正常范围。

	年龄	男孩	女孩
头围发育 （cm） 误差 1–2 cm 内	0–6 个月	32–42	31–41
	6–12 个月	42–48	41–47
	1–2 岁	46–49	45–48
	2–5 岁	49–51	48–50
	5–8 岁	51–54	50–53
	15 岁时接近成人头围 54–58		

由于每个孩子都存在个体差异，以上数值只是头围大小的平均值。

回答"是"得1分，"否"得0分，计算下总分即能推算出相应结果。

≥18分：以上问题所得分数相加≥18分，说明孩子大脑的发育程度很好，记忆力和注意力状态都正常，通常情况下头脑聪明，反应较快，往往智商也高。一般来说，随着大脑发育的日渐成熟，孩子年龄越大，得分越高。

13—17分：如果得分为13—17分，说明孩子大脑的发育状态还可以，虽然不至于绝顶聪明，但学习和发展自己大致够用。儿童的大脑正处于发育期，脑功能尚未完全定型，辅以有效的引导和训练，效果更好。

≤13分：如果得分≤13分，这时就要引起父母的注意了。这表明孩子的大脑发育存在问题，应注意科学饮食、劳逸结合、定期检查等，针对问题采取不同的措施，干预越早，改善的效果越明显。

最后，祝愿每个孩子都能健康聪明地成长，迎接美好光明的未来！